ある葬儀屋の告白

Confessions of a Funeral Director
How the Business of Death Saved My Life

キャレブ・ワイルド
Caleb Wilde

鈴木晶 訳

飛鳥新社

はしがき

　私はペンシルベニア州パークスバーグに社を構える葬儀屋である。仕事の性質上、私はこれまで、きわめて個人的な場面に居合わせてきたし、ひじょうにデリケートな話を打ち明けられてきた。とても口に出せないような恐ろしいものも目にした。ひとがいちばん弱くなる瞬間も目撃してきた。

　地元のみなさんを裏切らないよう、以下に語る物語はすべて、原形を留めないくらいに加工してある。他の人々の秘密を守りつつ、私が辿ってきた道筋がわかるように、まるでフランケンシュタインを作るかのように、ばらばらの断片を組み合わせて、話を作りあげた。当人やその家族のプライバシーを守るため、人名の一部は仮名に変えてある。

ある葬儀屋の告白●目次

一章　死は本当にネガティブか

朝の六時少し前、近くでヘリコプターの音がして、目が覚めた。当時、私と妻のニッキはパークスバーグ市の郊外の小さな家に住んでいた。パークスバーグ市内なら、時にはヘリコプターの音が聞こえることもあるのだろうが、わが家の後ろは数十メートル先に鉄道が通っていて、玄関のすぐ前は幹線道路だったので、ヘリコプターの音なんてついぞ聞いたこともなかった。

窓から頭を出してみたが、音ははっきり聞こえるのに、機体は見えない。事件が起きたにちがいないと思い、テレビをつけると、案の定、ペンシルベニアの地元局で臨時ニュースをやっていた。アナウンサーが、精一杯深刻そうな表情を浮かべ、リズミカルで熟練した口調でニュースを読んでいた。

「昨夜遅く、チェスター郡パークスバーグ市郊外で自動車事故が発生し、炎上した車からは男児二人と叔父夫婦の遺体が発見されました」

パークスバーグは、ペンシルベニアの州都フィラデルフィアから車で一時間、人口三五〇〇人の小さな町で、フィラデルフィアは私たちにとっていちばん近くにある「大都市」だが、フィラデルフィアの住民は私たちの町が存在すること自体知らない。何か恐ろしいことでも起こらない限り。今朝、そのパークスバーグがニュースになった。六時のニュースに間に合わせるため、フィラデルフィアから記者たちがヘリでパークスバーグに来たのだろう。

これまで何度か、故人の家族がわがワイルド葬儀社に電話してくる前に、フェイスブックを見て死を知ったことがあった。だが、葬儀を任されることになる死亡事故をテレビのニュースで知ったというのは、そのときが初めてだった。

出社して、四人全員の葬儀を当社が任されたことを知った。成人二人（甥たちを預かっていた叔父夫妻）は火葬に付されることになり、八歳と一〇歳の男児は、遺体の状態によるが、エンバーミング（遺体の保全処理）して、会葬者に対面させることになった。

翌日、検視が行われた後、私はまず大人二人の遺体を運んだ（わが社の遺体運搬車は、二人の遺体を仰向けに寝かせてゆったり運ぶことができる）。大人たちの遺体を社に運ぶと、私は取って返して、今度は子どもたちの遺体を運んだ。こういう悲しい作業をするとき、私は黙ってじっと座っていることもあれば、気を紛らわすためにラジオで陽気な曲を聴くこともある。どんな曲でもいいのだ。ポップス、懐メロ、ケイティ・ペリー。

遺体を社に運ぶと、遺体収納袋を開けて、男の子たちの顔を、会葬者たちに見せられるくらいに修復できるかどうか調べた。焼けた人間の肉が放つ臭いは独特だ。ＢＢＱチキンの匂いとも、串焼きポークの匂いとも違う。その臭いは髪にも服にもまつわりつく。

そして袋を開けたときに目に入ってくるものは一生頭から離れない。映画で焼死体を見たことがあるだろう、あれはなかなか恐ろしいが、テレビで描かれる焼死体は本物とは全然違う。悲劇的な死にはどこか特別なところがあって、いくら特殊メークでもそれを再現することはできない。幽霊が存在するのかどうか、私にはわからないが、死体に一種独特のオーラがあることは知っている。

私は男の子たちの顔を見て、数時間かけてエンバーミングすれば会葬者に見せることができるかどうか、それを決めなくてはならなかった。残念ながらそれは無理そうだったので、打ちひしがれている両親に、われわれの手には負えないことを伝えた。そういうときには必ず、かすかな罪悪感に胸が痛む。

われわれ葬儀屋にも、死者の近親者にも、どんなに破壊されていようとも必ずや修復できるはずだという、漠然とした期待感がある。葬儀屋が、ハリー・ポッターみたいに、「アブラカダブラ・プルクラ・カダヴェル」と唱えながら、トロカール（エンバーミングに用いる長い針のような器具）を一振りすれば、たちまち遺体はきれいになる、という期待感。だが現実には魔法のトロカールなんかないし、呪文もない。

近親者たちはあれこれ揉めていた。誰が葬儀を取り仕切るかをめぐって、口論していた。無宗教の葬儀を希望する人たちと、キリスト教の葬儀を希望する人たちがいた。どちらも声を荒らげ、言ってはいけないことまで口にし、ついには警察を呼ぶはめになった。葬儀の前日、警官に来てもらい、葬儀の最中に騒動が起きた場合にどう対処するかについて、私たちは計画を練った。

葬儀屋だから見えるもの

警官と一緒に、葬列が通る道の下見に行った際、私は倒れ、一時的に意識を失った。警官が救急車を呼んでくれ、病院の救急処置室に運ばれた。たんに過労と診断された。

意識が戻ったのは病院に行く途中だった。私は救急車に横たわり、屋根のストロボ灯に照らされた近所の町並みや信号が飛び去っていくのを眺めていた。何が起きたのかわからないながら、自分に向かってはっきりと問うていた――自分はこの仕事を続けたいのか。自分が本当にやりたかったのはこの仕事なのか。自分は葬儀屋になりたかったのか。

じつはその数カ月前、私は鬱《うつ》状態と同情疲労（惨状を多く見ているうちに同情心が失われていく現象）に苦しんでいた。かかりつけの医者は抗鬱剤を処方してくれたが、私は文字通り燃え尽きていて、精神的疲労は悪化するばかりだった。人生の意味がわからなくなり、何も感じなくなった。いつ自傷あるいは自殺をしてもおかしくない状態だった。

葬儀の仕事を始めて最初の数年間は、深い池を泳ぐカモのような気分だった。外見は冷静で自信に満ちていたけれど、水面下では、底なしの闇に吸い込まれないように必死に足をばたばたさせていた。葬儀屋がどんな仕事かは知っていた。私を追いつめていたのは、死がすぐそばにあることではなく、死に対する私の見方だった。

私は死を闇のようなものだと考えていた。宗教に頼るか、全面的に否定すれば、少しは明るくなるような、そんな闇。死には良いことは何一つないと考えていた。死にも良いことがある、死は美しいものだ、健全な霊性を喚起してくれるものだ、と言う人がいたら、よほどのひねくれ者か、よほど純朴にちがいない――私はそう固く信じていた。

葬儀屋は家業だったから、幼い頃から常に死がすぐ近くにあった。ふつうの人と同様に、誰もが抱いているような死のネガティブなイメージを抱いていた。日々の生活でも、テレビやインターネットや葬儀の仕事で、たくさんの悲劇的な、トラウマになりそうな、恐ろしい死をたくさん見てきた。そうした極端な死のせいで、死の悪いイメージが定着してしまい、「すべての死は悪いものだ」と思い込むようになっていた。

私が死に対してネガティブなイメージを抱いていたのは、自分だけのせいではない。悲劇的な死はニュースになる。「悲劇的な死」という見出しを見ると、人は反射的にクリックしてしまうものだ。死を持ち出すと、すべてがうまく運ぶ。だが極端な死のイメージが定着してしまったために、死についての私の視野は真っ黒に塗りつぶされ、死に対する恐怖は高まり、死という化け物は大きく成長してしまった。

メディアによって極端な死のイメージが定着してしまっただけでなく、死のネガティブなイメージは私たちの頭に埋め込まれている。人間は死に対抗するための、最も高度に発達した機械である。死の襲撃を撃退するために、私たち人間は高度なシステムを発達させた。その最たるものが脳だ。脳のおかげで私たち人間は他の動物たちのトップに立つことができた。進化の過程において、死は人類最古の敵だが、私たちは死との闘いの百戦錬磨であり、五〇年とか九〇年とかの一生の間、ほとんどの人は死に打ち勝つ。

それでも死に対する恐怖は、ほとんど本能の一部になっている。死について考えるたびに私たちはうろたえる。どんなに理性的な人でも、死のネガティブなイメージに直面すると、それを必死に明るくしようとする。

私が死のネガティブなイメージに敏感になったもう一つの理由は、何千という死体を見てきたにもかかわらず、身近な人の死に立ち会ったことは一度もなかったということだ。自分の愛する人が息を引き取るときに手を握っていられた幸運な人は大勢いるが、もっと多くの人にはそうした経験がないだろう。

それは一つには、多くの人が老人ホームや病院で死ぬからだ。アメリカ以外の多くの国では、いやアメリカでもかつては、人はたいてい家で死ぬものであり、家族や友人たちが「死のドゥーラ（介添え役）」として、死の手助けをした。だがいまでは医者や看護師が家族や友人に取って代わった。これは医学の進歩がもたらした予想外の結果といえよう。

私たちが死を恐れるのは、死を知らないからだ。死が見えないからだ。死に手を触れることができないからだ。知らないものだから、死を真っ黒に塗りつぶしてしまう。身近な人の死を見て、触って、抱きしめることができたら、死のイメージもこんなに否定的で暗くはないはずだ。

キリスト教徒として育ったことも、死に対してネガティブなイメージを抱いていた原因の一つだ。多くのキリスト教徒は、死は罪深い行いに対する罰であり、呪いである、と教えられる。すべての人間は死を刻印されている。これは人間の自然な一部ではなく、人類にとって健康的なものでもない。どんなときでも罪と闘うべきであることと同じように、死と闘わなくてはならない。この考え方を推し進めると、こうなる――本来私たちは死を乗り越えられるものであり、死を逃れられないとしたら、それは私たちに落ち度があるからだ。

私は新しい死の見方を必要としていた。そこで自分に新しい物語を語って聞かせなくてはならなかった。死は暗いが、そこには光もある。その対照の間に死のポジティブなイメージが浮かび上がってくるのが見えた。*1 闇と光は一緒になって、さまざまな色合い、濃淡、明暗、陰翳《いんえい》を伴った七色の虹を生み出す。その美しさの源はこの色彩の豊かさだが、私たちは色を識別できなくなっている。

私は恐る恐るこう言ってみる――死にも良いところがある、死にはポジティブなイメージもある、と。嘆き悲しむ母親の目も、夫を失って打ちひしがれた妻の目も見てきたが、それ以上の何かポジティブなものを死の中に見てきた。死の手は骨張って冷たいだけではない。

私が「死にはポジティブなイメージもある」と言うのを聞いた人は、私が「死はあなたが思っているほど辛いものではない」と言っているのだと思うかもしれない。はっきり言っておきたい。私はそんなことを言っているのではない。死は、あなたが想像できないほどではないかもしれないが、あなたが想像している程度には、辛く厳しいものだ。私が言いたいのは、私たちが聞かされてきた物語は、物語の一部にしかすぎないということだ。死は泥みたいなものだ。どろどろして、汚くて、その中を歩くのは容易ではない。だが驚くべきことに、泥には生命に必須の成分が含まれており、撒いたタネが芽を出すのを助けてくれる。

死はたんにどろどろしているだけではない。死が喪失であることは確かだが、私たちはしばしば死の中に、もっとも正直な自分、心強い仲間たちを見出す。そのおかげで死の恐怖を乗り越えられる人もいれば、人生をじゅうぶんに生き抜ける人もいる。死のＤＮＡに遺伝的に含まれているのはスーパーモデルのような美ではない。闘いと弾力の美であり、これが最後には目眩《めくるめ》くような光を放つのだ。

どん底で見た光

私はこれまでずっと死や葬儀以外の所に人生の意味を見出そうとしてきた。死を恐れていたからだ。死とはひたすらネガティブなものだと思い込んでいたからだ。だがあの日、救急車の後部に横たわりながら、絶望感が限界に達するのを感じた私は、ついに死のネガティブなイメージを捨てて、死をポジティブに捉え直そうとした。

もし葬儀屋の仕事を続けるとしたら、これが最後の頼みの綱だった。私はどん底にいて、死の中に何一つ良いものを見出せなかった。もし葬儀屋をやめないと、自傷行為に走るか、薬漬けになるにちがいない、そう確信していた。

苦悩を美化しようとしていたわけでも、苦しめば報われると考えていたわけでもない。心の奥のほうで、突然、生存本能が目覚めたのだ。私が葬儀屋を続けていけるかどうかは、私が死の中へ飛び込んでいけるかどうかに懸かっている、私はそう確信した。

救急車の後部に横たわっていた私は、世界のどん底にいた。ほとんど生まれて初めて寝台に縛り付けられ、天井を見上げていた。じっと上を見上げていると、どん底体験というのはじつは山頂体験であることに気づくものだ。本当に久しぶりのことだったが、頭上に光が見えたのだ。

そのとき、閃いた――私には選択の自由がある、葬儀屋をやめたっていいんだ、自分がやりたいことをやればいいんだ、と。人生や人間関係や職業に関して、自分には選択の自由がある――そう思うと、とても元気づけられる。その日に葬儀屋をやめても、誰も私を責めないだろう。私にはもう堪えられないと言って、家業から手を引き、何か違うことを始めることだって、できるのだ。にもかかわらず、翌日、医者の指示に逆らって、私は仕事に出た。

葬儀屋ワイルド家の一員だったからではない。

生活のためでもない。

パークスバーグの地元の人々に必要とされていたからでもない。

父や祖父を手伝いたかったからでもない。

たんに、葬儀屋の仕事がしたかったからだ。

この本は、死に対してネガティブなイメージしか抱いていていなかった男が、何かそれ以上のものを見出すまでの、旅の物語だ。嫌々家業の葬儀屋を継ぎ、自分の信念に疑いを抱き、ついに死や葬儀業の明るい面を発見した男の物語だ。スパゲティやミートボールを食べながら話せるような気楽な話ではない。辛い物語だ。

でも結果として、私にとっては良い旅だった。私はその旅の途上で、死の宿命という大釜の中で新たな精神が生まれてくるのを発見した。

私は死の中に生を発見したかった。そして葬儀屋を営むというのはどういうことなのかを知りたかった。

＊1「ポジティブな死」という用語を造ったのは、かの有名なケイトリン・ダウティ【葬儀屋、文筆家、ブロガー】である。

二章　棺室《ひつぎしつ》のルール

私は『ロミオとジュリエット』のような関係から生まれた。ただし葬儀屋版『ロミオとジュリエット』だ。父はワイルド葬儀社の五代目で、母は、もし家業を継いでいたらブラウン葬儀社の四代目になる予定だった。

母は、自分の父親が苦労しているさまや、葬儀業がいかにストレスに満ちているかを見て育ったので、家業を継ぐつもりは毛頭なかったし、葬儀屋には絶対に嫁に行かないと心に誓っていた。母はいまでもよく話すが、家族旅行のときも父親は頻繁に公衆電話から会社に電話を入れた。もし誰かが死ぬと、一家そろって、顔に小便を引っかけられたような顔をして、家に帰らなくてはならなかった。休暇はそこで終わり。

休暇といえば、私の父はもっと悲惨な体験をした。父は両親と二人の姉妹と一緒に、ステーションワゴンに乗って、ミッキー・マウスを見るために、ペンシルベニアから一八時間かけてフロリダのディズニーワールドまで出かけた。父と姉妹は期待に胸を膨らませていた。ところがフロリダ州に入ってすぐ、父親が会社に電話を入れると、誰かが死に、その葬儀を取り仕切らなくてはならなくなった。子どもたちはがっかりして車に戻り、また一八時間かけてペンシルベニアまで戻ってきたのだった。死は待ってくれない。ミッキー・マウスとの対面だって、待ってくれないのだ。

人生というのは不思議なもので、葬儀屋とは絶対に結婚しないと決意していたにもかかわらず、結局、母は隣町のライバル葬儀社の息子と結婚した。母が初めて父を見たのは、父が高校の演劇で裏方をつとめていたときだった。ふつう葬儀屋の息子というのは陰気なものだが、父は違っていた。葬儀専門学校の同級生たちとは違って、轢《れき》死者のエンバーミングを楽しい仕事だとは思っていなかった。長髪で、ジョン・レノンみたいな眼鏡をかけて、ジョークを飛ばすのが好きだった。

父は専門学校を出た後、家業をすぐには継がなかった。家業のプレッシャーを背負いながら育った子どもたちの例に洩《も》れず、彼はまず自分の才能と夢を追うことで「反抗」した。父はまずコロニアル・ウィリアムズバーグの銃職人に弟子入りし、その後、建築の仕事に移り、家々の修理をしていた。私が生まれる頃になってようやく、家業を継がねばならないという義務感が、クリエイティブなことをしたいという情熱に勝ち、ワイルド葬儀社の五代目におさまった。

つまり私は父方のワイルド葬儀社の六代目であると同時に、母方のブラウン葬儀社の五代目にあたるわけだ。血統書付きの葬儀屋なのだ。私の体内には、ほとんど九世代分くらいの葬儀屋の血が流れているというわけだ。私の知る限り、こんな人間は他にいない。

私が子どもの頃は、家族経営の葬儀業では、仕事と家庭が同居していた。多くの家族ビジネスと同様、現在では家族経営の葬儀屋でも実際には会社組織になっていて、家庭とは切り離されているが、私が子どもの頃は、母の実家はブラウン葬儀社であると同時に祖父母の家だった。だから会社組織とは違って、匂いにも、装飾にも、デザインにも、祖母の趣味が感じられた。

いとこたちとは、棺桶ショールームでよくかくれんぼをした。カーペットの上を這い回りながら、他の子たちのくすくす笑いや、動く音に耳をそばだてていた。祖父は優しい人だったが保守的で、孫たちが棺桶ショールームで遊ぶのを見て、いい顔はしなかった。棺は安価ではない。「装飾のない松の棺桶」でもモペット（原動機付き自転車）と同じくらいの値段がした。私たちは、めっきした鋼や木の棺桶の間をそっと歩きながら、隠れ場所を探したが、ぴかぴかに磨かれた棺桶の表面に指紋がつかないように気をつけた。棺桶の下に隠れたり、後ろに隠れたりしたが、絶対に棺桶の中には入らなかった。それが唯一のルールだった。

死者に囲まれた子ども時代

どちらの祖父母も葬儀屋で、家と会社が一体となっていた。日曜ごとに家族が集まったから、私や従兄弟たちにとって、死体を見ることは日常茶飯事だった。ブラウン葬儀社のほうが、死体を見る機会が多かった。というのも、母方の祖父母は葬儀社の二階に住んでいて、ダイニングルームやリビングルームはまさに多目的室だった。遺族が遺体と対面する部屋が、椅子を並べ替えると、たちまち家族団欒《らん》の部屋に変わった。一時間ほど涙に満たされていた部屋が、次の一時間は子どもたちの笑いと祖母の作ったおいしい料理の部屋に早変わりするのだった。

こんなふうに、常に死者たちに囲まれて子ども時代を過ごすというのは奇妙に思われるだろう。いやいささか不気味かもしれないが、死という事実は私の日常生活の自然な一部だったし、はじめのうちは、死は私の生活にすっかりなじんでいた。

家族のリビングルームのすぐ隣は葬儀社の礼拝堂だったので、生者の世界から死者の世界までの距離は文字通りたったの一歩だった。リビングルームと礼拝堂は薄い壁で仕切られていたけれど、遺体が安置された礼拝堂に足を一歩踏み入れると、そこは静寂に支配されていた。礼拝堂は、日常生活とはまったく相容れないものに支配された、独立した世界に見えた。私たち子どもは、誰に言われたわけでもないのに、まるで聖域に侵入するみたいに、自然に爪先立ちで足を踏み入れた。

父方のワイルド葬儀社は、会社が二階にあって、祖父母は三階に住んでいた。祖父は三階の寝室の一つで生まれた。祖父が生まれた部屋には、いま、レイジーボーイ・チェア社製の赤い色褪《あ》せたロッキングチェアが置かれ、祖父は頻繁にそこに座っている。もしすべてが祖父の計画通りに行けば、彼はそのロッキングチェアで息を引き取り、生まれたときと同じ部屋で死ぬという稀な人物になる予定だ。

ワイルド家の祖父からも、ブラウン家の祖父からも、どんなことがあっても絶対に霊安室に入ってはいけないと固く命じられていた。危険な薬品や器具があり、私はまだ免許を持っていないから違法行為になる、というのがその理由だった。それでも私は何度か、危険と神秘と死がせめぎ合う、霊安室のドアの向こう側をちらっと覗いた。

たとえばあるとき、母方の祖母が祖父に伝言をつたえるため、霊安室のドアを開けたときに中をちらっと見た。祖父はマスクと手袋をして、全身防御服みたいなものを身につけていた。ドアから、強力な洗浄剤みたいな臭いが流れてきた。霊安室は工場みたいに煌々《こうこう》と明るく、遺体を載せる台は傾斜がついていて、頭のほうが足のほうより少し高くなっていた。一枚のペーパータオルが股間を覆っていた。換気扇の音がうるさくて、祖母は大声を出していた。

葬儀社では、実際的なことはすべて祖母がやっていた。葬儀社で働き、仕事の電話に応対し、家族の夕食を作り、家の中をいつもきれいにしていた。祖父は仕事一筋だった。祖母がCOO（最高執行責任者）で、祖父がCEO（最高経営責任者）だった。

祖父は遺体のそばに立っていた。遺体を載せる台は、全身をくまなく検査できるよう、腰より少し上の高さだった。祖父は大きな針で遺体の胃を探っていた。ゆっくりと、だが自信たっぷりに、針を動かしていた。でも見えたのは一瞬で、ドアが閉じられた。血も内臓も見えなかった。幽霊もいなかったし、奇妙な音もしなかった。

映画やビデオゲームのワンパターンな暴力をまだ見慣れていなかったし、胃のあちこちに針を刺されても死者は何も感じないということも、まだよくわかっていなかった。きっとこの死人はあちこち針を刺されて痛いんだろうと思い、彼の腹じゅうに針（トロカールという名前を知ったのはもっと後だ）を刺している祖父に対してかすかな怒りを覚えた。

死についての私の体験が他の人と違っていたところは、私にとって死とは「もの」であって、まだ個人的な体験ではなかったということだ。中学校の友達の中には、父親を亡くした子もいたし、姉を亡くした子もいた。だが、私は父も姉も亡くしていなかった。

私にとって、死とは仕事を意味した。葬儀は家業だった。おそらくそのせいで、私は陰気な子どもではなかったのだ。私は墓地でウィージャ・ボード（アルファベットのついているゲーム用の板）で遊ばなかったし、小動物を解剖したこともなかった。八〇年代のごくふつうの子どもだった。トランスフォーマーのフィギュアを集め、リーボックを履き、服は量販店ＪＣペニーのバーゲンで買った。

私が育った環境による影響は、なんでも暗いものが好きになるという形ではあらわれなかった。だが、その環境が私を、ふつうの子どもとは違う子どもにしたことは間違いない。

実際、私は他の子とは違っていた。死は個人的なものではなかったが、私の少年時代は死に彩られていた。死んだ後どうなるのかという疑問に、私は頭を磨り減らし、ついにはダウンした。

三章　罪深い者の最期

棺桶と死体に囲まれて育ったのだから当然といえば当然だが、子どもの頃、私は人生の短さを肌で感じていた。自分は若くて元気に溢れているという感覚をもったことはなく、「いずれは死ぬのだ」という思いが常に私の頭を占めていた。ベッドに入ってからも、プロの野球選手になるのを夢見たり、真っ赤なランボルギーニ・カウンタックを思い描いたりすることはなく、いつでも、死について考えていた。自分はいつどんなふうに死ぬんだろうか。死んだ後はどうなるんだろうか。死は大きな疑問を突きつけてきた。

死ぬというのは、どんな感じだろう。

死んだ後、人はどうなるんだろう。

死で、すべては終わるんだろうか。

天国はあるのか？　地獄はあるのか？

神様はどうして苦しんでいる人たちを助けないんだろう。

そして、ごく稀にではあったが、この世ではランボルギーニを買えそうにないから、たぶん天国では乗れるんだろう、などと考えたりもした。

子どもの頃は、死と宗教は一体だった。死と宗教はしばしば親密な相棒だ。死こそが宗教の源泉だと言ってもいい。死の恐怖、それに起因する悲嘆、より良い世界への欲望が混ざり合って、ほとんどの宗教を、とまでは言えなくとも、いくつかの宗教を生み出した。

死と宗教は、互いが互いを生むだけでなく、両者には共通点もある。宗教と同様に、死は神聖なもの、言葉に表せないもの、感情的なものに覆われている。宗教と同じく、死はシンボルや芸術や物語によるほうが理解しやすい。死は人間が生み出した神聖な芸術であり、宗教と同じように、私たちは死の中で自分について学び、共同体を打ち立て、生の意味について考える。

だが、死と宗教とのこの関係は、常に健全とは限らない。子どもの頃の、大きな疑問の探求は、私自身が育った保守的なプロテスタントの家庭の中へと進んでいった。プロテスタントの家庭では、こういう祈りで育てられた。

これから私は眠りにつきます。
神様、私の魂をお守り下さい。
もし目覚める前に死んだなら、
神様、私の魂をお召し下さい。
（アメリカ起源の祈りで、いまなお人気がある。『赤毛のアン』や『大草原の小さな家』にも出てくる）

後半の二行を言い換えると、もし目覚める前に死んだなら、神様、どうか私を地獄の業火で焼かれないようにしてください、ということだ。

子どもの頃の私はしばしば空想の世界を作りあげ、その中で遊んでいた。私にとってその世界は、現実世界と同じくらいリアルだった。そこでは空想と現実が混じり合っていた。いわゆる呪術的思考だ。私たちの想像力が最悪の空想物、すなわち地獄に焦点を当てると、その空想世界はじつに恐ろしいものになった。

最近流行している事務用品のネーミングを借りれば、地獄は人間の行動を規制するための「イージーボタン」だ。イージーボタンは、大手オフィス・サプライ・チェーンのステイプルズが売り出したボタンで、押すと「そんなこと、簡単だ」という声が出る。

　これまで、宗教はこれを濫用してきた。この行動規制はこんなふうに使われる――私の言う通りにしないと、おまえは火の池に投げ込まれ、皮が溶けてどろどろになるのだぞ。インディ・ジョーンズ・シリーズの『レイダース／失われたアーク《聖櫃《せいひつ》》』に出てくるナチス・ゲシュタポのアーノルド・エルンスト・トートみたいに。多くの宗教は、信者の生き方を規制するためにこの地獄のイメージを持ち出すが、自分の友達や家族が地獄に行くと信じている人がどれほどいるだろうか。

私の恐ろしい神

　数年前、私の父は、大量生産された八六年型のフォードF一五〇の後部バンパーにステッカーを貼った。それには、こう書かれていた。

「自分の葬式で牧師が嘘をつかなくていいような生き方をしなさい」

　これには一理ある。私はこれまで四〇〇〇近くの葬儀を取りしきってきたが、たいてい牧師は、故人が天国に行ったことを遠回しに語るものであり、故人が悪人であったとはっきり述べた牧師は一人もいない。

　あまり褒められたような人生を送らなかった人の葬儀の際には、牧師は説教をなんとか工夫する。ある人は人間を片っ端から憎んでいたし、神も大嫌いだった。彼の葬式での牧師の説教をよく覚えている。

「彼は神が嫌いでしたが、自然を愛しました。自然を愛する人は神を愛しているのです。神が自然を作ったのですから。彼は自然が大好きでしたから、いまごろは『天国』という最高位の自然を楽しんでいることでしょう」

父のステッカーとは反対に、私は牧師が嘘をついているとは思わない。牧師は、故人が神の前で初めて自分自身を発見することを期待しているのだ。ほとんどの信者にとって、地獄とは、ヒットラーとか、ジョフリー・バラテオン（テレビドラマシリーズ『ゲーム・オブ・スローンズ』の登場人物。サディスティックな王）とかのためのものであって、自分とは無縁のものだ。

牧師と同じように、ほとんどの人は、自分の友達や家族や愛する人が火の池で苦しむとは夢にも思っていない。地獄というのは、私たちとは別種の人、神が望むような生き方をしなかった人が行く場所だ。地獄は「他人事」の最たるものだ。あまりに恐ろしい場所なので、自分の身内が永遠にそこにいるなどとは、とても想像できない。私たちは想像の中で、自分がまったく共感できない人、愛せない人だけを地獄に送り込む。

しかし、愛する人を地獄に送り込むことはできないにもかかわらず、私たちは心のどこかでこんなふうに考えている――神は愛だ。神はすべての人間を知っている。神は不幸な人のそばにいてくれる。神は私たちの心の奥までお見通しだ。その神が、何億という人々を気まぐれに永遠の拷問へと送り込んできたのだ。私たち人間ですら、自分の愛する人が地獄に行くとはなかなか信じられないのだから、愛そのものである神が自分の子どもたちを地獄に送るのはけっして容易ではないだろう。

でも、人間は必ず死ぬという観念が頭にこびりついていた子ども時代の私は、神についても未熟で歪んだイメージを抱いていて、私を含め、神はほとんどの人間を地獄に送るのだと固く信じていた。とくに私を。毎晩、ベッドに入ると、私は神に向かって、ありとあらゆる言い訳を並べて、どうか地獄の業火だけはお許しくださいと懇願した。

私が思い描いていたのは、恐ろしい神だった。ひとが一瞬でも神を軽視したり、たった一つでも罪を犯したりしたら永遠の業火を課すという、復讐の権化のような神だった。私が思い描いていたのは、私のことをまったく愛さず、耳も傾けない、恐ろしい神だったので、地獄のイメージはどうしても頭から離れなかった。

私はけっしていたずらっ子でも反抗的な子でもなかったが、私の良心（とプロテスタント的なしつけ）は私自身に、おまえは地獄に送られる運命だと告げていた。とくに悪いことをしていなくとも、おまえは地獄に行くのだ。なぜなら、おまえは人間であり、人間は罪深いからだ。

他の子と同じく、私もたまにはこそこそ悪事を働くこともあった。友達と野球カードを交換するときにごまかしたり、一、二度、父の財布からお金を盗んだりしたこともあった。一度、ピザ宅配店に電話して、学校の私の机までピザを届けさせたことがあった。なかなかユニークないたずらだと思うが、校長から大目玉を食らい、一週間トイレの掃除をさせられた。

だが、わが子ども時代最大の罪は、一〇歳のとき、友人たちと一緒に、ゴミ捨て場で拾った、色褪せて、かび臭い『プレイボーイ』のページを繰ったことだ。まだ誰も思春期に達していなかったし、性知識も皆無だった。私たちは、優しいヒュー・ヘフナーおじさん（『プレイボーイ』の創刊者）から解剖学の初歩を習ったのだ。『プレイボーイ』はまったく未知の世界だった。そして未知の世界は甘美だった。なぜなら私たちはみんな、このゴミ捨て場で拾ったものが、大人には話してはいけない「秘密」であることを知っていたからだ。

秘密というのは子どもにとって、自我の確立への入口だ。秘密っていうのは、親がもっていないものを手にすることだ。それのおかげで、これまで自分が全面的に依存してきた存在から離れ、距離を置き、独立できる。ゴミ捨て場で拾った『プレイボーイ』は私の独立の礎《いしずえ》となり、同時に、私の地獄行きを確実にした。

私は宗教的に育てられ、常日頃から死を意識していたので、子どもっぽい好奇心はじきに絶対的な確信に変わった――私はいつ死んでもおかしくない。そして死んだ後は永遠に地獄で苦しむのだ、と。

永遠に地獄にいるのかもしれないという恐怖のせいで、死に対する私の考えも変わった。それまでは死を生活の具体的な一部と見なしていたが、いまや死は私を血の海へと引っ張っていく、絶対に避けられない宿命になった。この新たな死の恐怖のせいで、中学高校を通じて、私は「地獄に囚われた」少年だった。地獄や死や神をめぐるさまざまな考えが鉄の檻を作りあげ、思考も感情もその中に閉じ込められた。

私はますます内向的になっていった。バスに四五分乗って学校に通っていたが、いつでも独りで座っていた。他の子たちは試験勉強をしたり、友達とおしゃべりしたりしていたが、私は頭を窓に押しつけて、世の中の暗い面についてあれこれ感じたり、考えたりしていた。

神に見出した「善」

一五歳のとき、内省は思索に変わった。毎朝四時に起きて、神学や精神世界の本を読むという読書療法を実践し始めたのだ。両親は私を「修行僧」と呼んだ。なんでも自分勝手に考えるのではなく、偉大なる先達たちの教えを乞い、彼らが残した素晴らしい本や思想について考えるようになった。

彼らは私の恐怖を信仰心へと変えた。勉強するにつれ、私は、神とは愛だという考えを抱くようになった。ただの理論的な愛ではなく、神は私たちとともに苦しみ、ともに泣く。私は死の教訓を理解した。私たちに注がれる神の愛は「苦しみの愛」だ。神は私たち人間の痛みをみずから体験するので、与えてくれるのだ。

現代アメリカの哲学者ニコラス・ウルターズターフは書いている。「神の涙こそが歴史の意味である」。私はこれを、「神の愛が原動力であり、神の命の動機なのだ」と解釈する。[*1]「神は人間世界にあまりに苦しんだので、ただ一人の息子（イエス・キリストのこと）を人間たちに与えた」。神の心はこじ開けられたのだ。

「神の苦しみの愛」を知ったことで、私は悟った――神の王国の中心にあるのは権力とか審判とか、人々を地獄に落とそうという欲望などではなく、弱き者、傷ついた者、傷つきやすい者、罪深い者たちを救い、支えたいという欲望なのだ。神の世界は、私のような人間、つまり死を恐れ、恐怖におののき、自分の能力不足を恥じる人間たちのためにあるのだ。かくして、神は善なのだと考えるようになったおかげで、私は恥と罪という観点から自分の人生を見るのではなく、外に目を向け、人生を理解しなければならないと考えるようになった。私もまた心をこじ開けられたのだ。

誰でも一生に一度は死に直面する。人間は死すべき者であるという事実について考えをめぐらし、人生の深い問いについて考える。問題は、私たちは死によって引き裂かれるのか、ではなく、死がどのように私たちを引き裂くのか、である。私たちはこじ開けられるのか、それとも引き裂かれるのか。

死は、飼い慣らせるようなものではない。私たち人間は医学の進歩を通じて、死を飼い慣らそうとしてきた。たしかに知識と理解が増えれば、死の恐怖を軽減でき、実際に医学は死の恐怖を遠ざけてきた。それでも、死は「荒ぶる者」だ。死に瀕《ひん》している人にとっては、「荒ぶる死」という言い方は、自分の身体的機能が失われていき、死を迎え入れるという経験を意味するだろう。

一方、後に残された者にとっては、まったく違ったことを意味するだろう。しなければならないことが次々にやってきて、感情が脳の機能を圧倒し、愛が自制心を上回る。死に直面したとき、私たち人間は大人になってから初めて、子どもの頃の、求め、欲し、頼りたいという気持ちを再体験する。そして「荒ぶる死」に再会する。だが人によっては、すでに鎧のように固まっていて、死の荒々しさを受け入れられなくなっている。

辛いことがあると、人によっては心が砕かれてしまう。その心は、壺やグラスのように、元通りにすることは難しい。だが、砕かれるのではなく、心が押し広げられることもある。ちょうど手のひらを開いて、そこで何かを受け取り、与え返すかのように。あるいは、圧力によって形を変える粘土のように。[*2]

厳格な秩序ある人生は、荒ぶる死によって砕かれてしまうかもしれないが、人生の波に身を任せる術《すべ》を体得した人は、死によって心を開かれるかもしれない。開かれた心は、痛みと苦しみによって作りあげられたものだ。そうした心の持ち主は「親切になることができる。なぜなら、すべての人は、あなたのまったく知らない闘いを闘っているのだから[*3]」。

こじ開けられ、開かれた心には、他者の痛みが入る余地がある。

そういう心は、自分の苦しみの中に、嫌いな人たちへの愛を見出す。

開かれた心は理解しようとする。

そうした心は、簡単には腹を立てず、何でもすぐに許す。

そうした心は、他者や、排除された者たちを喜んで迎え入れる。

痛みを知っているので、闘いも、荒ぶる者もよく知っている。

こじ開けられた心とは、さまざまな面で、子どもの心であり、王国への入口である。

私の場合、早い時期に死（やそれにまつわるあらゆる問題）と直面したという経験から、人生において最も困難な、そして最も実り多い影響を受けた。私たちは子どもを、困難な事態や死から守るべきだと考えているが、私の場合、いちばん良い時期に、それらに直面した。

たしかにそれは簡単なことではなかった。というのも、死をめぐる考えには地獄が混じっていたからだ。死に直面して地べたにひれ伏したおかげで、私は地面や泥を見つめることができ、そうでなかったら見逃していた、あるいは無視したり恐れたりしたであろう視野を得ることができた。そして驚いたことに、私はその中に、共感、無私、好意、理解といった、私の人間性の萌芽や基本要素を発見したのだった。

後年、死を取り扱う仕事に就いてから、私はそれらの基本要素がきわめて重要な役割を果たしていることを思い知った。というのも、死に打ちのめされるのは一度だけではない。死は、一度経験すれば終わりというような経験ではない。

死は人生を通じて何度でも立ち現れる。そして死に直面するたびに、私たちはどうすれば心を開くことができるのか、そして共感や無私や好意や理解が私たちの心を満たすようにできるのかを学ぶのだ。

＊1　Nicholas Wolterstorff, Lament for a Son (Eerdmans, 1987), p.90.
＊2　心が引き裂かれることと、心がこじ開けられることの違いは、パーカー・パーマー

の記事に依拠している。Parker Palmer, "The Broken-Open Heart," Weavings: A Journal of the Christian Spiritual Life 24, no.2 (2009).

＊3　多くの人は、引用元はイアン・マクラレン『一九世紀スコットランドの神学者』だと信じている。

四章　身近な人を亡くしたらやるべきこと

一二歳のとき、ワイルド家の、つまり父方の祖母が死んだ。死は突然、あまりに早くやってきた。祖母はまだ五九歳だった。それは仕事として扱う死とはまったく異なる、最初の個人的な死だった。

祖母の死の翌日、私たち家族は全員、祖父母の住まいだった二階に集まり、ミサを執り行う牧師に会った。婿や嫁、いちばん小さな孫までが集まっていた。全員が牧師に、自分の知っている祖母について語り、牧師は後で弔辞に使うために、みんなの話に耳を傾けた。牧師が私たちのために祈った。その最中に、いちばん若い従弟が放屁した。家族全員で大笑いした。誰もがそのおならを待ち望んでいたのだ。

エンバーミングしたのは大叔父ジムとその息子ジミーだった。たいていの葬儀屋は家族のエンバーミングを自分でやるものだが、父も祖父もやろうとしなかった。外部から見ると、家族のエンバーミングを自分でやるというのは、昼のメロドラマのストーリーみたいに捻《ひね》りが効いている。皮膚を切り開き、頸動脈を引っ張りだし、トロカール（外套針）であちこちの臓器に空気を入れ、自分を抱いてキスしてくれた体を薬品に浸ける作業は、なんだか愛と矛盾しているようにも、神聖なものを冒瀆《ぼうとく》しているようにも見える。

もちろん葬儀屋は敬意を込めてエンバーミングを施すが、その体にはすでに存在感がなく、人間とはまったく別物みたいに見える。死体を、生きていた人間とは別の物と見なすというのが、葬儀屋の仕事の一つだと思う。エンバーミングを「与える」行為と見なす葬儀屋もいれば、たんなる処理作業と見なす者も、約束を果たしているのだと考える者もいる。

祖母の死後数日間は安息日（祈りを捧げるためにすべての労働・業務を停止する日）だった。至急やらねばならぬ事は山ほどあったが、それはひとまず置いておいて、次の事柄についてじっくり考える時間だ。家族の一人ひとり、喪失感、涙、痛み、欲求、疲労、沈黙、笑い、そして愛。

私はそのときに学んだ。ユダヤ教における死後の安息日は、けっして余裕や贅沢ではなく、健全なセルフケアのためにあるのだ。喪の最初の期間はアニヌートと呼ばれる。「埋葬」という意味だ。

この時期には、喪に服している者たちもまた死に接近している。まるで愛する者の死によって、自分の生気が抜き取られてしまったかのように。どんなに自立しているように見えても、私たちの生命は互いに固く絡み合っているため、誰かが死ぬと、自分の一部が失われたかのように感じるのだ。

ローレン・ウィナーは、こう書いている。死を悼《いた》む者たちはみずから死に接近すると、「他の戒律を免除されたかのように感じる。神の掟に縛られているのは生きている者だけだからだ[*1]」

ユダヤ教の伝統では、次の段階、すなわち埋葬後の一週間をシヴァと呼ぶ。シヴァの間はセックスしてはならないし、音楽を聴いてもいけないし、靴を履いてもいけない（死を悼む者たちは家から出ない）。死を悼む者たちは仕事や学校に戻らない。ひたすら沈黙と涙の中で過ごす。シヴァがすぎると、死を悼む者たちはシュロシームという三〇日間を過ごし、その間に、仕事と音楽とセックスからなる日常生活に戻る準備をする。

私の家はユダヤ系ではないが、ゆっくりと独自の「死の安息日」を実践することで、祖母の死を、生きていたときと同じくらい良いものにしようとしたのだ。私はこうした風習が、辛くて大変な時期を乗り切るためのとても賢明で健全な営みであることを教えられた。

ブラウン家の、すなわち母方の祖父が七八歳で死んだときは、私はまったく違う立場に立たされた。すでに成人し、葬儀屋を営んでいた。膵臓がんと診断されるずっと前から、祖父はすでに死の床についていた。葬儀屋は毎日のように死と接しているから、死が迫っているときも、けっして慌てたりしない。

死というのは、頼んでもいないのにネタをばらす迷惑な友人みたいなものだ。私たちは、人生の終わりがどうなるかを知っている。もちろん、自分の人生の終わりのことも。しかし、結末を知っているからといって、生涯全体を知っているわけではないし、その生涯の最後の章がどのような結末になるかも知ってはいない。映画とは違って、実人生では結末に人柄があらわれるのではなく、その結末をどう生きるかに、その人の人柄があらわれるのだ。

やりたくなかった祖父の葬儀

ブラウン家の祖父は、いわば良い死を迎えた。急死したワイルド家の祖母とは違って、ブラウン家の祖父は娘たちに「お母さんのことを頼んだよ」と頼み、別れを告げることができた。ホスピスに入っていたので、痛みに苦しむこともなく、四月六日に息を引き取った。家のことはすべて決めていた。だがワイルド家の祖母のときと違って、私自身は死の安息日を取ることができなかった。私は葬儀屋として祖父の死を取り仕切ったので、孫として祖父の死に向き合う時間がなかった。

祖父の死を知らせる電話がかかってきたとき、私はワイルド家の祖父と一緒にいた。祖父はレイジーボーイ社製のロッキングチェアに座り、コードレスフォンを手元に置いていた。私は少し離れたところに座り、ダンキンドーナツのアイスコーヒーを飲み、祖父はホットコーヒーを飲みながら、パウダーシュガーをまぶしたドーナツを頬張っていた。忙しい仕事の合間を縫って、少なくとも週に一度は、私は祖父と、昔の話や最近の出来事についてあれこれ話した。ふつうの老人たちとは違って、祖父は同じ話を二度したりはしなかった。

その日祖父は、かつてのライバルであり、いまは嫁の父、すなわちブラウン家の祖父をつい最近見舞ったときのことを話した。ブラウン家の祖父はもうほとんど口がきけず、大量のモルヒネを投与されていたのでほとんど無反応だったが、ワイルド家の祖父が「両方の会社を合併させていたら、ワイルド＝ブラウン葬儀社という名称になってただろうな」と言うと、ブラウン家の祖父はワイルド家の祖父の手を力一杯握ったという。ワイルド家の祖父はそう言うと、くすっと笑った。

その一、二分後、電話が鳴った。祖父は食べていたドーナツをあわてて呑み込み、電話に出た。ホスピスからの電話だった。ブラウン家の祖父が息を引き取り、祖母、母、叔母たちが私を待っているということだった。この電話で、私は瞬間的に仕事モードに切り替わった。泣かなかった。というより、泣く時間がなかった。

親父を連れて行かなくては、と私は思った。父に電話し、祖父の死を知らせた。父は家にいた。大工仕事をするためだ。築三〇〇年に近いので、年じゅうどこかを塗装したり修理したりする必要があったのだ。だが同時にそれは父にとって、遺族の相手をするという心理的な重荷から逃げ出す絶好の口実でもあった。

しかし今回は、その遺族は自分の身内だ。自分の妻、自分の義母、自分の義姉妹。いま父に求められているのは、葬儀屋としての仕事ではなく、慰め役を務めることだ。冷静に事を進めるという仕事は、私がやらなくてはならない。

遺体移送車に機材を積み込み、パークスバーグからランカスターまでの三〇分のドライブの準備をした。移送に向かうときはいつも、試験を受ける前と同じような精神状態になる。しっかり試験勉強していれば、どんな問題が出るか、だいたい予想がつく。

ところがいつでも、試験勉強を吹き飛ばしてしまうような、予想外の問題が出るものだ。不吉な緊張感に包まれて、おしゃべりをする気も起きない。カーラジオをつけて、黙って運転し、目的地に着いたら、必要事項を確認する。遺体を積み込んで帰る道は、試験が終わった後とまったく同じ気分で、陽気におしゃべりができる。しかし祖父のときはまったく違った。私は待ち受けている家族を知っていて、しかも彼らは、これまでさんざん葬儀を見てきた人たちだから、事の進行も知り尽くしている。

家に着くと、叔母が私を脇に引っ張って、「できる?」と訊いた。ブラウン家の祖父はやや大柄だったので、持ち上げられるかどうかを訊かれたのかと思い、「大丈夫、持ち上げられるよ」と答えた。

「そりゃ、持ち上げられるでしょ。そうじゃなくて、できるかどうか、訊いているのよ」

叔母は、葬儀屋のキャレブ・ワイルドではなく、死者の孫としてのキャレブ・ワイルドに質問しているのだった。葬儀屋から孫に戻るまでにまるまる一分くらいかかったが、気を奮い立たせて答えた。「できるさ」。たぶん、叔母は信じていなかった。いや私自身も自分の言葉が信じられなかった。

ブラウン家の祖父と祖母は、誰もが羨む理想的な夫婦だった。祖父は陽気でユーモアのセンスがあって人生を明るくし、祖母は一秒も狂わない時計のような女性で、葬儀業は時には超多忙なのだが、過密スケジュールを正確にこなした。二人の人生はダンスのようだった。それぞれの役割分担があり、一方が他方のバランスを崩したり足を踏んだりすることは一度もなかった。

祖父は愛と笑いと生活費を提供し、祖母は愛と支えと料理を提供した。祖母は料理がうまく、祖父はなんでも残さず食べた。その絶妙な組み合わせのせいで、祖父はどんどん肥満し、それに伴って健康も失っていった。

だが、父と私は楽々と祖父をエンバーミング用の台に載せた。がんが、太っちょおじいちゃんの肉を奪い去っていた。肥満した遺体はエンバーミングが難しい。大動脈や大静脈がなかなか見つからず、血液を抜くのが難しいからだ。祖父のエンバーミングは容易だった。


祖父の葬儀のことはよく覚えていない。でもこれは特別のことではなく、扱った葬儀のことはほとんど覚えていないものだ。その日は葬儀が二件あったので、父とワイルド家の祖父と私は教会でブラウン家の祖父の葬儀を執り行い、叔父のジムとジミーが自宅の葬儀社でもう一つの葬儀を執り行った。父は何もしなかった。ママのそばに寄り添っていたからだ。ワイルド家の祖父と私とで事を進めた。続々とやってくる車に駐車位置を指示し、芳名帳を用意し、会葬手引き（葬儀の式次第と故人の紹介が書かれている）を渡した。

そういった作業はいわば体が覚えていて、ほとんど何も考えずに進めることができるが、その日ばかりは、身についた習慣だけで仕事を進めたくなかった。いまでも鮮明に覚えているが、葬儀の間じゅう、私は頭の中で同じことを繰り返し考えていた――できることならこの葬儀はやりたくない。家族と一緒にいたい、と。

時間の観念を表す古代ギリシャ語は二つある。一つはクロノス。私たちが時計で測る線的な時間だ。もう一つはカイロス。これは時間の量とか計測よりも時間の質を表す。現代社会はともするとクロノスばかりに焦点を当てがちだが、いまだにカイロスの価値を理解している社会もある。

アメリカはといえば、クロノスばかりに集中した結果、カイロスを見失ってしまった。私たちアメリカ人は、自分がいま生きている時間にめったに留まっていない。次の瞬間に何をしなければならないか、そればかり考えているからだ。私自身、いつでも次の仕事のことを考えていて、「木を見て森を見ず」を実践している。深呼吸や沈思熟考、友人たちの笑い声、春のリラの香りを忘れている。

祖父の葬儀では、その大事な時間を生きることができなかった。葬儀責任者だったからだ。死が私たちに与えてくれる休息、死の安息日、すなわちカイロスを逃してしまった。

二週間後、私はクリーク・ロードを車で走っていた。クリーク・ロードは、オクトラロ川に沿った狭い道だ。幼い頃、祖父母が私を寝かしつけるために、よくこの道をドライブした。家に帰るとおまえはすぐに目を覚ましたものだよ、と祖母は何度も言っていた。

夜だった。すべてのカーブを熟知していたから、運転ミスの心配はなかったが、祖父のことを考えているうちに、涙がぼろぼろ落ちてきたので、車を路肩に寄せて、思い切り泣いた。祖父を失っただけでなく、自分の人間性の一部をなくしてしまったように感じた。

死の安息日

身近な人の死をどう悼むかは、千差万別だ。葬儀屋の場合も、死にどう反応するかは一人ひとり違う。愛する人の葬儀を立派に執り行うことで、悲しみの意を表する葬儀屋もいるが、私のように、家族のために「強き者」の役割を演じようとしても、悲しみに打ちひしがれてしまう者もいる。

亡くなった人との関係が一人ひとり違うように、悲しみも人によって異なる。世の中に、二つとして同じ悲しみはない。多少とも健康的な悲しみや、少し不健康な悲しみはあるだろうが、この悲しみ方は正しく、この悲しみ方は間違っている、などということはない。とはいえ、死は私たちを立ち止まらせる。なんのために立ち止まるのかは教えてくれない（ひょっとしたら、別に何かをするためではないかもしれない）が、私たちに「死とともにいなさい」と語りかける。死の横に座り、じっと死に耳を傾けなさい、と。クロノスは脇にのけておき、カイロスを大切にしろ、と。

私が車の中で、祖父のことを思い、祖父のことがどんなに好きだったかを思い出しながら号泣したとき、私に訪れたのはそういう時間だったのだ。それは弱さの時間ではなく、強さの時間だった。

人生には時々、こういう自然な小休止が必要なのだ。そうした時間の中で、人間存在の中核にあるのは死なのだということを知る。そして死の安息日を実践するとき、自分自身を取り戻すのだ。

＊1　Lauren Winner, Mudhouse Sabbath (Paraclete Press, 2003), p.29.

五章　赤ん坊が入る小さな箱

私が勝手に作りあげた死をめぐるネガティブな物語は、高校時代から卒業後にかけて、ドミノみたいに連続的な影響を私の精神にもたらした二つの体験によって、ますます強化された。この章ではその一つについて述べ、もう一つについては次章で述べる。

最初の体験をしたのは高校時代。本代を稼ぐため、夏休みに葬儀の仕事を手伝い始めた頃のことだ。

ある日、病院に来るようにと言われた。派手な霊柩車に乗ってくる必要はないということで、自分の一九八六年型ポンティアック六〇〇〇ステーション・ワゴンを運転していった。「茶色の箱」を使ったのはそのときが初めてだった。「茶色の箱」は縦五〇センチ横八〇センチの、地味な工具箱みたいな木箱で、内側にはビロードが張ってあったが、五〇年以上、二世代にわたって使われてきたため、あちこち凹んでいた。

どうして私が病院に茶色の箱を持ってきたのか、気に留める人はいなかった。いや実際、知らないほうがいい。じつは、茶色の箱は幼児の遺体を運ぶときに使うのだ。

病院から帰る途中、私はその茶色の箱についてあれこれ考えた。この小さな箱には、そしてその中に横たわっている赤ん坊の中には、最大の希望と人類の恐怖が詰まっているのだ。この上ない情熱と、最高の喜びと、未来への希望と、神の奇跡そのものが詰まっているのだ。

同時に、私たちの精神の奥底にある最も深遠な疑問や、私たちが流しうる最も辛い涙や、私たちに感じられる最大の痛みも詰まっている。それらがすべて、この小さな箱に詰まっている。

私はその幼児サイズの箱から小さな赤ん坊の遺体を取り出し、遺体処理台の上に載せた。病院から幼児を運んできたのは、そのときが初めてだった。そのときの光景は、まるで古傷のように、いまも私の記憶から消えない。

陶器製の人形のような、つるつるした肌の小さな遺体。その下にある、上面に陶製の薄い板を張った処理台。漂白剤で洗浄した、ビニール・コーティングした床。部屋はエンバーミング用の液体の臭いで満たされていた。赤ん坊の遺体に対して、私は心の準備ができていなかった。たぶんそのせいで、あの思い出がいまも心から消えないのだろう。

私たち葬儀屋が埋葬する赤ん坊のほとんどは、出産時のなんらかの事故で亡くなった子たちだ。その赤ん坊はミント・キャンディーのビニールの包み紙が喉に詰まり、窒息死したのだった。その前夜、赤ん坊の両親は家でクリスマス・パーティーを開いていて、きっと誰かが、エビかデビルドエッグ（ゆで卵を半分に切り、卵黄をマヨネーズと混ぜ、白身に入れたもの）の臭いを消すためにミント・キャンディーを食べ、包み紙を床に落としたのだろう。翌朝、両親が家の中を掃除している間に、赤ん坊はその包み紙を拾ったのだろう。そしてその家族にとって、クリスマスは悲劇へと変わった。

葬儀屋の子どもたちはこの手の話をいやというほど聞かされる。私が小さかったときは機会あるごとに、ブラウン家の祖父から怖い話をさんざん聞かされた。

「キャレブ、椅子を後ろに倒しちゃだめだ。後ろにひっくり返って首の骨を折った、お前と同じ年頃の子の葬儀をしたことがあるよ」

私は「わかったよ、おじいちゃん」と言って、台所の小さなテレビの前に置かれた椅子を、ちゃんと四本の脚で立つように直した。

別の機会に、大きな銀色の車リンカーン・コンチネンタルに乗り込むとき、祖父は言った。「ヘッドレストはちゃんと頭の位置にしなくちゃだめだぞ。そうしないと、可哀想なジェラルド・ヘンダーソンみたいに首を折ってしまうぞ」

次のような話は何度となく聞かされた。「解剖された遺体を扱うとき、喫煙者はすぐにわかる。肺が真っ黒になっているからだ。タバコは吸うな。肺が黒くなってしまうからな」祖父は二人とも葉巻愛好者だったが、その悪習をやめることができたので、「がんの棒」の恐怖について、孫に説教する資格があると思っていたのだ。振り返ってみると、私はこれまで無数の遺体をエンバーミングしてきたが、「黒くなった肺」など一度も見たことがない。祖父たちはたんに私を怖がらせるためにあんな話をしたのではないかという気がする。

葬儀屋の子どもたちは小さい頃から年じゅう怖い話を聞かされるので、何かにつけて不安になり、危険を避けるようになる。他の家族会社と違って、葬儀屋は何世代にもわたって続く。おそらくその理由は、子どもたちが、不意の悲劇的な恐ろしい死に出会わないように、外の世界に出て行こうとしないからだろう。外の世界に出て行って恐怖に出会うより、ずっと死のそばにいたほうがいい。

葬儀屋というのは、平穏な死もたくさん見ているにもかかわらず、自分は悲劇的な死を迎えるのではないかという不安を抱えているので、死をめぐるネガティブな物語を固く信じている。悲劇的な死がトラウマになって、それが頭の中で悲鳴を上げ続けているので、正常で安らかな死がなかなか目に入ってこない。自分をどう見るか、世界をどう見るか、そして神をどう考えるか、そのすべてが、死のトラウマに支配されている。

悲劇が希望を蝕《むしば》んでいく

さて、遺体処理台の上に置かれた赤ん坊の遺体の話に戻ろう。その頃の私の人生においては、神が大きな部分を占めていたので、信じられないくらい善良で愛に溢れた神が、こんなことが起きるのをどうして許したのだろう、と考えずにはいられなかった。神には、この子の命を救えるほどの力はないのだろうか。もし私がその子の近くにいたら、間違いなくミント・キャンディーの包み紙を拾っていただろう。あるいは子どもの口から包み紙を取り出しただろう。

だが、いたるところに遍在しているはずの、愛に溢れた全能の神は、何もしなかった。ひょっとしたら神は存在しないのではないか。じつはその頃、しばしばそんなふうに考えて、不安に駆られていた。しかし、神は存在するが、人間のことなど気にしないのだ、あるいはたんに神は邪悪なのだ、と考えるほうがずっと恐ろしかった。

人間は、この複雑でしばしば困難な世界を生き抜いていくうちに、成長し、成熟していく。その過程で、もしその人に信仰心があるなら、この神の邪悪さの問題に立ち向かわなくてはならない。この問題をどう理解すべきなのか、その答を見出さなくてはならない。神を信じ続けるためには、自分の信じる神が、悲劇を止める力はあるがあえてそうしない神とは違う神なのだ、と考えなくてはならない。

そのように神のイメージを作りかえるための最も一般的な方法は、神の力を定義し直すことだ。私にはそれが最良の説明になると思われた。再定義は次のような手順で進められる――「神は愛である」と信じ続けるためには、神の力を制限しなくてはならない。神は人間を創造したとき、意図的に自分の力を制限したのだ。

だから神にはいっさい悪いところはない。悲劇を引き起こしたのは神ではないし、神はそれを止めることもできない。私たち人間を創造することによって、神は自分の力を制限することを選んだのだ。私たち人間は実際に神の意志に反抗し、自分たちのちっぽけな世界を作りあげた。そこでは、愛を実現するという神の目的は達成されない。悪や悲惨は神が意図したものではない。

この世界は、神が望んだような世界ではない。誰もが知っている「主の祈り」ですら、神の国が地上に実現されますようにと懇願する。ということは、この世界は神の意志で作られたものではないということだ。事故は実際に起き、しばしば人の命を奪う。遺体処理台の上に置かれた赤ん坊は事故で死んだのであり、神が望んだからではないし、「神が天使を望んだ」からでもない。

もしそのように神の力に限度があるのだとしたら、人々が幸福な人生を生きる手助けをし、愛すべき神を人々が崇拝するように仕向け、それによってこの世界をよりよい場所にするのは、神によって創造された私たち人間のつとめである。悪の問題は私の善良な行いによって解決される。私の愛の行為を通じて、神は悪を滅ぼすことができるのだ。善を創造するのはこの私だ。私だけが地上に善をもたらすことができる。ひょっとしたら、愛と善にもとづいた私の行動によって、他の人々も神を信じるようになり、それによって私はこの世界をよりよいものにすることができる。

神のために人々を助けるというのが、悪の問題を乗り越えるための私の責務なのだ。そう確信するようになった。私はそのことについて考え続け、それに従って、私の行動方針もどんどん複雑化していった。私は悲劇をまのあたりにして、それを乗り越えるための手段として、善良な行いという手段を思いついたのだ。しかし、この赤ん坊の死のように、葬儀の仕事を通じて直面した悲劇は、ちょうどＰＴＳＤ（心的外傷後ストレス障害）のように、心の底で私の善良さを蝕み、この世に善をもたらすという私の希望をも、少しずつ蝕んでいった。

六章　聖なる泥

悪の問題について悩んでいるうちに、人々が天国に行くのを助ける仕事に就きたいという気持ちが芽生えてきた。葬儀のアルバイトを通じて、赤ん坊の死のような、説明の付かない、心を締め付けられるような悲劇をまのあたりにして、死についての私のネガティブな物語はますます強固なものとなった。

しかし同時に、天国を目指すという新しい方向性が見えてきた。というのも、もし世界がこんなに悲しく、激変に満ち、心を締め付けるほど悲惨であるなら、私のすべきことは、人々をこの腐った世界から救い出し、天国へと送り出すことではないのか。人々を天国へと導くことに比べたら、死者の世話をする葬儀の仕事などはちっぽけで無意味だと思われてきた。こんな仕事を続けていても、未来は開けないのではないか。

高校の最後の夏休みには、夜遅くに死を知らせる電話に応対したり、芝刈りをしたり、洗車したり、葬儀の手伝いをしたり、遺体処理台の掃除をしたりしていた。遺体処理台の掃除は、たぶん公衆トイレの掃除と似ている。無気味な汚れがあちこちに飛び散っていて、それをすべてきれいにするには時間がかかった。しかも、その汚れがほんのわずかでも口に入ったら、ゆっくりと体が蝕まれ、死に至ると確信していた。神の愛を広めたい、人々を天国へと導きたいと願っていた少年にとって、このアルバイトはけっしてやる気を起こさせるものではなかった。

葬儀の手伝いをしていると、感じのいい老婦人たちが話しかけてきた。「将来、葬儀屋さんになるのね。ステキだわ。ワイルド家に跡継ぎがいると思うと、安心して死ねるわ」。中には私を脇へ引っ張っていって、こう耳打ちする婦人もいた。「忘れずに顔の毛を剃ってね」。私はにこにこしてうなずいたが、内心はこう思っていた――パークスバーグのおばあさんたちの顔の毛を剃り続ける一生なんて真っ平ご免だ。

私はもっと危険と冒険にみちた大きな仕事がしたかった。おばあさんたちの顔の毛を剃るよりも、人々を天国へと導き、この世界を変える仕事がしたかった。そうした思いから、人間形成上第二の体験をすることになった。宣教師になってどこか遠くの国に行き、神の愛を説き、人々を天国へと導こうと考えたのだ。

宣教師になるのをやめさせ、家業を継がせるために、倹約家でもあり寛大でもあったワイルド家の祖父は「車を買ってやるからそれで葬儀専門学校に通えばいい」と言った。「うちにいたって、やることはたくさんあるさ」。でも、私は耳を傾けようとしなかった。それでも祖父は諦めずに言った。「それに、おまえは車が大好きじゃないか」。それは事実だった。この世で何が好きかといって、ぴかぴかのスポーツカーほど好きなものはなかった。地元の中古車店を通りかかったとき、シルバーのホンダ・プレリュードが目に入った。フロントガラスには鮮やかな色で書かれた値段が貼ってあった。それは、祖父が出してやると言っていた金額と同じだった。

それでも私は、ポンティアック六〇〇〇よりずっと格好いい車に乗れるという誘惑には負けず、意志を曲げなかった。宣教師になって、人々を天国へと導くというのが、この世で最も素晴らしい仕事だと確信していたのだ。私は二〇〇〇年に高校を卒業し、宣教師養成学校にすすむ決意をした。それでも祖父は、たんなる厚意から授業料を出してくれた。

アフリカで見つけた「いま」「ここ」

入学して最初の数カ月はあっという間に過ぎた。二〇〇一年の前半、私は一二人からなる人道活動グループに加わり、二機の小さな単発プロペラ機に分乗して、マダガスカル島の海沿いのジャングル地帯に向かった。それは「魂を救う」ための若い宣教師のグループだったが、実際にはもっと人道的な仕事が中心だった。

この体験が私の人生を変えた。医者二名、看護師二名、残りは私のような若者たちで、仕事場は、原住民のためのにわか作りの診療所だった。

雨期の終わり頃で、大気中は蚊だらけだった。私は一九歳で、元気で、使命感に溢れ、ワクチン注射もちゃんとしていた。布教活動をしないのがいささか不満だったが、少なくとも神の手足となって働いているのだという実感があった。

小さな飛行機が着陸すると、私たちは軍用車みたいな泥だらけの四輪駆動トラックに乗り込み、海岸に沿って二時間ほど走り、もうこれ以上先には行けないという場所まで行って、トラックを降り、物資の詰まったリュックを背負って、さらに二時間ほど沼地を歩いた。ぬかるみが深く、足を上げるたびにブーツが脱げてしまうので、途中から裸足で歩いた。蛭が何匹も吸い付いて、あとでライターの火で駆除しなくてはならなかった。目的地に着く頃には日が暮れていた。夜空には、アメリカでは一度も見たことのないような、まさしく星の絨毯《じゅうたん》が広がっていた。電気も街灯もなく、近くに町もなかった。

二週間の滞在中、限られた医薬品で、一〇〇〇人以上の人々を診療した。

ある一人の男が私の人生を永久に変えた。その男は五〇歳くらいで、胃が膨張していて、顔は痛みで歪んでいた。まだ死んではいなかったが、現代的な治療を受けることもできず、そもそもそんな金はないので、じきに死ぬだろうと思われた。彼が受けられるのは、われわれのグループの医療だけだったのだ。酒の飲み過ぎで肝硬変になり、そのせいで腹水がたまり、腹が膨れている。医師たちは、何か処置をしてやろうと思い、腹水を少し抜けば痛みも減るだろうと考えた。医師たちが大きな注射器を彼の腹に刺す間、私は彼を押さえつけていた。医師たちが注射器を刺すと、男は足をばたつかせたので、私は医師たちが処置できるように、全体重をかけて、男の両足を押さえていた。

私にはわかっていた。こんなことをしても問題は解決しない。私は誰かの魂を救っているわけではない。彼の痛みを取り除くこともできず、ただその痛みに寄り添っているだけだ。ただその場にいるだけ。私にできることはそれだけなのだ。

医師たちが腹水を少し抜いてしばらくすると、男の顔から苦痛の色が消え、彼の意識も戻ったらしく、じっと私たちの眼を見て、マダガスカル語で「ミサオトラ（ありがとう）」と言った。まわりで見守っていた家族たちが彼の顔に触り、一時的にせよ彼の痛みがとれ、意識が戻ったことを喜び、涙を流していた。

当時の私は、死をめぐるネガティブな物語と、それに続く天国を目指すべきだという思い込みのせいで、この世にある善いものが目に入らなくなっていた。私たちの誰もが、そういう状態になりやすい。ニュースを見れば、悲惨な事件が次々に目に入る。暴力、祖国を捨てた難民の群れ、町に溢れるホームレス、貧困、戦争による大量殺戮《さつりく》。それに加えて、家を失ったとか、病気とか、生活苦といった個人的な悲劇もある。私たちはそうした悲劇が頭から離れなくなっている。

恐怖が私たちの精神を曇らせ、誰もが私のように「この世界は私の住むべきところではない」と言い出す。これには二つの意味がある。悪と憎しみと不正が支配する世界には住みたくない。天国こそが私たちの住むべき世界であり、この世界は一時的な住み家だ。永遠の住み家に辿り着くまで、この一時的な住み家にいるしかない。この世は天国へと繋がる階段に過ぎない。私たちが住みたいのは「あちらの世界」だ。だからこの世という庭を耕すのは難しい。あちらこそが理想的な世界であり、こちらの世界は糞みたいだから。

だが、「ここ」と「いま」にじっと目を向ければ、この世界にしかない美しいものが垣間見える。そのおかげで、家族はたとえ束の間でも心を一つにできる。一時的かも知れないが、痛みも和らぐ。ほんの束の間かもしれないが、愛が育つ。そうした瞬間、現世の栄光が垣間見える。天国は素晴らしいかもしれないが、この世界だって素晴らしい。一方だけを見て他方を見ないと、あまりに多くのものを見失ってしまう。

葬儀屋として世界を修復しよう

私はアフリカの奥地まで行って、初めて気づいた。自分が神の愛の担い手となる最良の方法は、来世が来るのをただじっと待つことではない。アメリカで自分の家が営んでいる葬儀の仕事も、この世で善行を積む素晴らしい機会に満ちているではないか。まだ不安や恐怖もあったが、別の物語の囁《ささや》き声が聞こえてきた。

その物語は小さな声で私に囁いていた――いまこのとき、この場所に、つまり私が植えられた大地にいればいいのだ。ひょっとしたら天国は、私たちの目を曇らせる、恐怖をもたらす悲劇のどこかに、隠れているのかもしれない。

ちょうどその頃、「ティクン・オラム（世界の修復）」というユダヤ教の考え方を知った。この修復は、痛みに寄り添うことによって達成される。この考え方を一言で要約すると、こういうことだ。「私はそばにいる。そしてあなたを愛している」。ただそこにいるという行為だけで達成できるのだ。この言葉が、葬儀業を営んでいく上で、今でも私のスローガンになっている。

レイチェル・ナオミ・リーメン（『失われた物語を求めて』『祖父の恵み』が邦訳されている）

は、クリスタ・ティペットのインタビューに答えて、ティクン・オラムについてこう語っている。

「これは人類全体の仕事です。これまで生まれてきたすべての人、いま生きているすべての人、これから生まれるすべての人の。私たちの誰もが世界の治療者です。大改革をして世界を修復するというのではありません。あなたの身近にある世界のことなのです[*1]」

大事なのは、何かをすることよりも、まず、そばにいること。このことを肝に銘じた私は、いたるところにティクン・オラムの日常的な例が見えるようになった。

母親が子どもを宥《なだ》めるとき、彼女は世界を修復している。

ひとの話を（注意深く）聞くとき、その人は世界を修復している。

老いた患者の衰えた体を風呂に入れる看護師は、世界を修復している。

教育に打ち込んでいる教師は、世界を修復している。

詰まった下水道を修理する配管工は、世界を修復している。

私は、家業を継ぐことによって世界を修復できることを知った。

ただそばにいるだけでは、何も変えていないかもしれない。文化を変えているわけでも、山を動かしているわけでもない。だが、たとえ自分のためにやっているのだとしても、あなたは世界を修復しているのだ。たとえどんな仕事であれ、真心を込めてやれば、ティクン・オラムを実践しているのだ。葬儀屋を営むことでそれが実践できるのだということを納得するまでには時間がかかったが、いったん納得してしまうと、私にとっては葬儀業が以前よりもずっと重要な、ずっと必要不可欠な仕事なのだと思われてきた。

これはまさに、そこにいるという仕事だ。そこにいるという職業だ。「いま」を、世界を、地球を、受け入れる職業だ。ある面でこの仕事は産後ドゥーラ（産前産後の母親を助ける仕事）に似ている。人間の誕生に寄り添う、待つ仕事であり、聞く仕事であり、頼れるささやかな案内役になるという仕事だ。

大きな計画と大きな行動だけが世界を変えるわけではない。たしかに世界を変えるためには、時には大きな動きが必要だ。でもたいてい世界の変革は、優しさをもって、そこにいて、耳を傾ける、というささやかな行為を通じて達成されるのだ。そのためにはまず、あちらの世界からこちらの世界を見るのではなく、頭と心を「いま、ここ」に置くことが何よりも大事だ。

いやいやながらではあったが、金が尽きたということもあって、私は故郷に帰り、家業を継ぐことにした。もう、あちらの世界のために働かなくてはならないという気持ちは失せていた。私はこの地球に、この泥に、呼び戻されたのだ。パークスバーグに帰って、ただそこにいるという単純な行為を実践することにしたのだ。あたかも私のＤＮＡ、私の存在そのものがパークスバーグに結びついていて、あちらの世界からの呼び声に対抗して、パークスバーグの大地が私を呼び戻したかのようだった。

だが実際には、私の旅はそう単純ではなかった。

＊1　Krista Tippett, Becoming Wise (Penguin Press, 2016), p.25.

七章　葬儀をプロに任せっきりにする人たち

フルタイムで葬儀の仕事をするようになってからしばらく経った頃、一本の電話がかかってきた。私はすぐに応答した。「ワイルド葬儀社のキャレブです」

「誰だって?」。相手の声の調子からわかった。私が電話に出たことは、彼には意外だったのだ。葬儀の仕事を始めて最初の二、三年は、こういうことがよくあったので、どう対応すれば良いか、私はすでに学んでいた。

「キャレブ・ワイルドです」。苗字を名乗れば、相手は私が何者であるか、だいたい想像がつくだろう。「バドの孫で、ビルの息子です」

「なるほど」と、おそらく四〇代の男は答えた。「バドはいるかね」

「はい、おります。お名前を伺ってもよろしいでしょうか」

「トミー・リッチだ。医者から余命二日と言われた。家で寝たきりなんだが、死ぬ前にきみのおじいさんの顔が見たいんだ」

私は少々驚いた。死を二日後に控えた人間がこんなに筋の通った話ができるとは！　驚きが多少収まってから、こう答えた。「少々お待ちください。いま呼んできます」

私は祖父を呼びに行った。祖父は例によってロッキングチェアで居眠りしていた。よくいるタイプだが、祖父は眠っているときは死んでいるみたいだった。顔は完全にゆるみ、大きく口を開け、瞼《まぶた》の隙間からは白目が見えた。いつか、起こそうとしたら本当に死んでいた、という日が来るのではないか。そう考えると恐ろしかった。でも、それはまだ先のことだ。私が声をかけると、祖父は目を覚ました。私は祖父が完全に目を覚ますのを待って、誰が何の用で電話をかけてきたのかを説明し、電話の子機を渡した。

祖父には知り合いが大勢いたが、トミーもその一人だった。祖父には、たまたま知り合った人を友達にしてしまう魔力があった。いや魔力というのは正しくない。技術だ。祖父はその技術を体得していた。

祖父が友人たちと親しく付き合っているさまを目にするたびに、内気な私は不安になった。自分が祖父のようにはなれないということがわかっていたからだ。私ときたら、昔の携帯電話のバッテリーみたいなもので、三〇分使うためには五時間充電する必要があった。それにひきかえ、祖父はタイメックスの腕時計みたいだった。彼の笑いは一〇〇〇の質問を黙らせ、私が（無理やり）笑うと、一〇〇〇の質問を浴びせられた。職業上、社交的にならなくてはならなかったが、そうなろうと努力するだけでエネルギーを使い果たした。社交的な葬儀屋のほうが商売が上手くいくに決まっている。その点で、私はかろうじて仕事を続けるのが精一杯だった。

祖父はどこへ行っても、すぐに友達ができた。トミーも例外ではなかった。祖父は以前パークスバーグの消防隊の隊長で、トミーは隣町の消防隊の消防士だった。あるイベントで、二人は競うように冗談を言い合い、さんざん酒を飲んだのだった。

翌日、祖父はトミーの最後の願いに答えるため、出かけていった。トミーの家から帰ってきたとき、私は尋ねた。「どうだった？」

「葬儀の話はしたがらなかった。たんに、今度の消防隊のパーティで使うためのジョークをいくつか、わしに教えたかったんだとさ。思ったより元気だった。あの分じゃ、年を越せるだろう」

マイペースなトミーとその家族

祖父の予想は当たらなかった。餅は餅屋というではないか。天気予報なら気象予報士、死期の予想なら医者だ。トミーの主治医にははっきりわかっていたのだ。二日後のクリスマスイヴ前日、午後一時頃トミーは亡くなった。

家族が電話してきて、会いたいと言っている家族や友人がまだ何人かいるから、それまで待ってくれと言ってきた。私たちは午後四時までじっと待った。それから電話して、もう遺体のお迎えに行っていいかと尋ねた。祖父は早くリッチ家に行きたがっていた。家族を急がせたかったわけではなく、祖父はとにかく自分の仕事が好きなのだ。

だがトミーの家族はこう言った。「ノリスタウンに住んでいるトミーの叔父があと一時間で来るから、それまで待ってください」。祖父は葬儀社で待っているのがいやだったので、私と一緒に遺体運搬車に装備を積み込み、トミーの家に向かった。家の扉には黒い横断幕が掛かっていて、その上に、子どもの筆跡で、「パパが亡くなりました。一目会いたいという方はどうぞご自由にお入りください」と書かれた紙が貼ってあった。

中に入ると、家全体が、がんに特有の湿った重苦しい臭いがした。リビングルームの真ん中に終末期患者用ベッドが置かれ、トミーはそこに横たわっていた。その配置は、彼が人生の最期をどのように過ごしたかを如実に物語っていた。たいていの家では、終末期患者用ベッドは、よその人が入ってこないような家の奥のほうに置かれているものだが、トミーは自分のベッドを家の真ん中の人の出入りする場所に置いて、そこで親しい友人や、家族づきあいしていた隣人たちや、親類（みんなこの家から数キロ以内に住んでいた）たちとおしゃべりしたのだった。

トミーの妻エイミーは、トミーの葬式に備えて、台所で髪を切ってもらっていた。エイミーの髪を切っていた女性が私たちを見て、ぶっきらぼうに尋ねた。「あんたたち、誰？」

祖父が答えた。「ワイルド葬儀社の者です」

女性はすぐにこう答えた。「あら、昔、お宅の誰かとデートしたことがあるわ」。私は吹き出した。

「ワイルドって、どんなスペル？」と彼女は続けた。私は、オスカー・ワイルドかオリヴィア・ワイルド（アメリカの女優）を知っているかと尋ねた。彼女は知っていると答えたので、私は同じスペルだと答えた。

家の中は騒々しかった。トミーの三人の娘たちが走り回ったり、テレビを見たり、次々にやってくる隣人たちと話したり、トミーのそばに座って、彼の腕を撫《な》でたりしていた。

祖父は気の利いたことを言ってみんなを笑わせたり、知っている人とも知らない人ともハグし合ったりしていた。祖父は、葬儀のときはいつもこんな調子だった。昔はプロの葬儀社ではなく、その地域の誰かが葬儀屋の役割を担ったものだ。トミーの家での光景は、そんな古い時代の再現みたいに見えた。祖父が、地域の葬儀係を演じていた。

私たちは、ノリスタウンに住む叔父が到着するまで、二時間以上待った。その叔父は到着早々、「道が恐ろしく混んでいて」と言い訳したあと、三〇分以上トミーに別れを告げた。七時頃、私たちはトミーの妻、娘たち、二人の妹、そして両親に、そろそろ遺体を葬儀社に運んでいいかと尋ねた。

家族たちは一人ひとりトミーの顔にキスした。両親は彼の額に、トミーの娘たちは頬に、妻は唇にキスした。みんなが別れを告げたところで、祖父と私は遺体運搬車にストレッチャーを取りに行った。

トミーはマイペースな人生を生きた。慣習や規則を破ることをまるで気にしなかった。どうやら家族も彼と同じらしかった。ストレッチャーを車から降ろしたところで、私は祖父に尋ねた。

「あの家族は自分たちでトミーにいい服を着せたがるだろうかね?」

その家で待っている間、私はこの家族はそれをやりたがるのではなかろうかと考えていたのだ。いかにもそれを望みそうな家族だったのだ。

葬儀のプロ化で失われたもの

愛する人を着飾らせる、死者の世話をする——その光景を見れば、善い死というのがどういうものかがよくわかる。

ところが私たちは、死に対して否定的な社会に生きている。こういう社会を作りあげた原因の一つは、葬儀業が一つの産業として確立されたことだ。プロの葬儀屋は人々にこう告げる——死はあなたがたが扱えるようなものではありません。死は怖い、汚い、暗い、悲しいものです。私たちに任せなさい。

葬儀業が死者のケアを職業化し、「地域の葬儀係」を絶滅させたとき、必然的に葬儀屋以外のすべての人は葬儀のアマチュアになった。死ぬ前の人間については医師が権威をもつように、死んだ後は葬儀屋が権威をもち、葬儀屋以外の人は死や葬儀についてほとんど何も知らないという社会を作りあげた。葬儀屋こそが「死のプロ」だということになった。葬儀屋の業界は、新たな法律を作ったり、養成機関を作ったりして、死者のケアを独占したのだろう。

ただし、プロとアマの区別ができたのは、資本主義的な葬儀屋業界だけのせいではない。葬儀屋業界が地域の葬儀係を駆逐した原因の一つは、現代アメリカ社会において、死が居場所を失ったことである。死は「私は自分で自分をコントロールしている」という妄想に疑問を投げかける。だから死のことは無視しよう。いやそれよりも、「誰か葬儀を引き受けてくれる人を見つけて、その人に全部を任せよう」ということになったのだ。

死にかけている人は老人ホームに預ける。病院はできるだけ死を引き延ばしてくれる。死んでしまったら、あとは葬儀屋が全部やってくれる。これはアメリカ人にとっては「ウィン・ウィン」の状況なのだ。死にまつわることは、かなりの金を払って、誰か他の人にやってもらうことにしたのだ。アメリカ人の心には死をめぐるネガティブな物語が深く浸透しているので、死についてはすべてプロに任せることにしたというわけである。

もちろん葬儀屋はそうしたプロの一つだ。魔術師が観客の代表を舞台に上げて、ぱっと消してしまうように、われわれ葬儀屋は遺体をみんなから隠し、エンバーミングをほどこし、きれいな服を着せ、柩《ひつぎ》に入れる。そして「アブラカダブラ！」と声をかけた瞬間、腐敗と変形を免れた、まるで眠っているような遺体のできあがり。火葬の場合もまったく同じだ。遺体はさっとどこかへ持って行かれ、小さな箱に入って戻ってくる。家族はいっさい手を出すことはない。

だがこの現代の魔術が死のネガティブな物語をますます強化している。なぜなら現代人は死に触れ、死者のことを思い、死者を哀悼することを忘れてしまったからだ。

忘れられている、いや無視されているが、自明なことだ――死者の世話をすればするほど、死そのものが怖くなくなる。死者に近づけば近づくほど、自分が死ぬという運命を受け入れやすくなる。ごく最近まで、人々はいまよりもずっと死に近いところにいた。現在、死のネガティブな物語があまりに強くなっているために、私たちはそれを克服することができない。

だが時には、ごく稀ではあるが、リッチ家のような家族は、ネガティブな物語を多少なりとも克服する。葬儀のプロセスにただの観客でいるのではなく、積極的な役割を引き受け、魔術を廃止し、死がふたたび目に見えるようにする。

死の中にある生

そう、死のネガティブな物語をできるだけ克服したいと願う家族もいるのだ。彼らは死を自分たちの手に引き受け、自分たちがプロになろうとする。実際、多くのアーミッシュ（ペンシルベニア州などに住むドイツ移民。自給自足生活をしている）はいまでも自分たちの手で愛する人に服を着せ、柩に入れる。エンバーミングは葬儀屋がやるが、その後アーミッシュの家族は自分たちの手で死者の世話をする。自分たちの手で死者の体を洗い、きれいな服を着せ、木の柩に入れる家族もある。モルモン教徒、イスラム教徒、ユダヤ教徒の多くも同様だ。これは緊密な共同体だけができる贅沢な葬儀だ。

私はその贅沢な葬儀をリッチ家にも提供したいと思った。

祖父は賛成してくれた。「彼らに言ってみたら？」

祖父と私は玄関からストレッチャーを入れ、トミーが横たわっているベッドのそばまで押していった。祖父が「手を貸したい人は集まってくれ」と声をかけると、トミーのベッドのまわりに一〇人ほどが集まった。みんなでシーツの端を掴み、それでトミーの体を包んで、ベッドからストレッチャーに移した。遺体をストレッチャーに固定すると、祖父は翌日の葬儀の時間を家族と打ち合わせ、トミーに着せたいと思う服を持ってきてくれと言ってから、私のほうを見た。

私は咳払いをして、みんながどんなふうに反応するだろうかと不安になりながら、こう言った。

「ご自分たちでトミーに葬儀用の服を着せたいという希望はありますか？」

トミーの妻がぼろぼろ泣き出した。娘たちも泣き出した。彼女たちの愛ははけ口を探していた。その涙は、愛情表現の一つだったのだ。

泣きながら、彼女たちは尋ねた。「いいんですか？」。私ははいと答えると、トミーの妻は私に抱きつき、私の肩に顔を埋め、しばらく泣いていた。私は、鼻水でスーツがびしょびしょになってしまったので、ドライクリーニング代を払って頂きますよ、とジョークを言った。

葬儀社、つまり自宅に帰る途中、私の内向的な側面が頭をもたげ、私は自問していた――私は愛車のスバルに乗って何千キロも走って通学し、一生のうちの四年間を費やし、莫大な金を払って、葬儀監督者の資格をとった。だが、そんな資格に意味があるのだろうか。こんなこと、ほとんどの人が自分たちでできることではないか。

トミーの家を後にするとき、妻のエイミーは、最後のお別れのためにエンバーミングをお願いします、それから火葬も頼みます、と言った。たしかにエンバーミングはトミーの家族にはできないが、もうすでに自分たちで知人たちを呼び、あり合わせの対面をやっていたではないか。たしかに火葬も自分たちではできないが、手作りの対面式や弔問の受け入れは自然に心から出たことであり、本当に美しいものだった。たしかに、祖父はみんなを笑わせ、楽しませていたが、彼らは葬儀屋に全権を委任して、暗い死の廊下を導いていってもらおうなどとはしなかった。

彼らはトミーの遺体のそばにいて、心から寛ぎ、自分たちの手でできるだけのことをしようとしていた。私が受けた葬儀屋養成教育は有益なものだったが、リッチ家のような家族には昔みたいな「地域の葬儀係」のほうが合っているのだ。リッチ家の人々はけっして葬儀のアマチュアではない。

翌日はクリスマス・イヴだったが、リッチ家の人々は服を持って、うちにやってきた。葬儀の次第について祖父と打ち合わせ、それが終わると、私は死者の更衣室に案内し、どういうふうに服を着せるかを説明した。

嘆き悲しんでいる人の脳は、泥酔状態によく似ている。脳の八〇から九〇パーセントは、愛する人を失った後の人生をどう生きていったらいいかという問題にかかりっきりになっているので、「いま、ここ」を生きることはなかなか難しい。

だからトミーの家族が故人に服を着せるという仕事をきちんとできるかどうか、私にはよくわからなかった。ひょっとしたら、わっと泣き出して、部屋から飛び出して行ってしまうかもしれない。ひょっとしたら、トミーの鎖骨のそばにある傷跡を見て、自分の愛する人がエンバーミングの際に傷つけられたのだと、私を恨むかもしれない。

彼らは神妙な面持ちで遺体更衣室に入り、感情的な重みに押しつぶされることなく、トミーのほうにかがみ込んで、作業に取りかかった。まず服を広げてから、下着とワイシャツと、背中に掛かっていたジャケットを切り開いた。それからボディ・リフター（遺体引き上げ機）を使って、下着とパンツと靴下を履かせた。ワイシャツの裾をズボンの中に入れ、ベルトを通した。娘の一人が彼の髪をとかし、髪型を整えた。ちょうど私が遺体を処理するときと同じく、彼らは作業の間じゅう、トミーに話しかけていた。

「ズボンがきつすぎる？　ベルトを緩めるわね。あなたのお気に入りのおんぼろベルトよ」とエイミーが言った。

「あなたのお気に入りの髪型にしたわよ。この髪型だと、ハンサムに見えるわ」

「あなたはおめかしするのがきらいだったわね。でも今日は晴れの日で、大勢の人に会うんだから」

そして最後に、「愛してるわ、トミー。また後で」

葬儀の当日、トミーの家族全員と二〇〇人以上の参列者が教会にやってきた。クリスマスの数日後で、教会はクリスマスの飾り付けのままだった。クリスマス・リースやキャンドルのせいで祝日の雰囲気がして、参列者たちの心の中にも、この時期独特の楽しい雰囲気が染み込んでいた。

人生はこんなにも美しく、複雑で、人々は互いに人のために尽くしている。ならば、葬儀もまた、そうした人生のネットワークを作りあげた者に支えてもらうべきなのではなかろうか。葬儀は、葬儀屋が一手に引き受けるものではなく、私たちが作りあげた共同体の絆によって、そして私たちを創造した者によって、なされるべきなのではなかろうか。

もちろん、葬儀屋は無くてはならないものだ。実際、いつの時代にも葬儀屋はいた。葬儀はなかなか大変なものだから。しかし故人も遺族も、葬儀を「プロ」に丸投げしてしまったら、多くのものを失うことになる。

トミーの家族が教えてくれたのは、誰でも葬儀の一部を担うことができるし、担うべきだということだ。そして、われわれ葬儀屋の業界が多くの人々を「アマチュア」にしてしまったことを申し訳なく思う。葬儀屋が死にまつわる仕事を独占してしまうことで、死をめぐるネガティブな物語を増大させてしまったことを申し訳ないと思う。

私は言いたい。死と生の混じり合ったこの世界で、死にゆく人や死んでしまった人にもっと近づく方法を見つけることはできる。私たちは死の中に生を見つけることができるのだ。

八章　裏口を使うか、正面玄関を使うか

死に関係のある施設の中で、私がしばしば訪れる場所の一つは老人ホームだ。老人ホームから遺体を運び出す作業はいささか面倒である。老人ホームは、夜は訪問者がおらず、居住者もほとんど眠っているので、スタッフは気楽に私を招き入れてくれる。しかし昼間は居住者や訪問客が廊下を歩き回っているので、たいていスタッフは「死体を隠せ！」モードになる。

葬儀屋が老人ホームから遺体を運び出すときは、ふつう裏口を使う。たいてい裏口は居住者たちから見えないところにある。これを私たちは「裏口を使う方針」と呼んでいる。ふつう、裏口には小さなインターフォンがある。私たちはそれを取って受付に連絡し、い

つもこんなふうに話す。「ワイルド葬儀社のキャレブ・ワイルドと申します。××さんの遺体を引き取りに来ました。いま裏口にいます。ここを開けて頂けますか」

一、二分後、看護師がにこにこして裏口を開け、私たち葬儀屋を中に入れてくれる。看護師は、裏口から個人の部屋までの間の、居住者のいるすべての部屋のドアを閉める。看護師全員が協力して、私の姿を、そして私がやろうとしていることを見せないように、まるで羊の群れを移動させるみたいに、居住者たちをどこかへ連れて行く。葬儀屋は、この老人ホームで誰かが死んだことが誰にも知られないようにと、まるでニンジャのように忍び足で廊下を進む。

病院はこの「死体を隠せ」作戦をもっと徹底させている。ほとんどどこの病院にも、遺体を安置しておく霊安室があり、遺体が入院患者たちから見えないようになっている。ある意味で、死者は病院にとって、教会にとっての無神論者みたいなものだ。死者は病院にとって、「この施設は世界中の健康問題に対する答をもっていないのですよ」とがなり立てる、きわめて厄介な存在なのだ。だから病院は死体を冷たい小部屋に隠し、誰も気づかないようにする。病院ほど、死のネガティブな物語が強い力をもっている場所は他にないだろう。

こういうふうに死者を人目から隠すというやり方は、比較的最近のものだ。一九世紀後半までは、医者が死者の家に来た。葬儀屋ですら死者の家で作業した。私の祖父は一〇代の頃、時には故人の家でエンバーミングをしたそうだ。携帯用のエンバーミング用具を持っていき、フラスコで液体を混ぜたという。祖父は彼の父と、どちらがキッチンの床に死者の血をできるだけこぼさなくて済むかを競ったそうだ。

死者の家でエンバーミングができないときは、葬儀社、つまり自宅でエンバーミングした。エンバーミング用の台を引っ張り出して、血はキッチンのシンクに流した。一九五四年、ワイルド家の祖母の意見が通り、ようやく葬儀社に遺体処理室が増築され、キッチンを使わなくて済むようになった。

話を遡《さかのぼ》ると、一九二八年に葬儀社（兼自宅）を購入するまで、故人との最後の対面はすべて故人の家の居間で行われ、葬儀だけ教会で行われた。

現代社会では、死者は家やコミュニティから病院へと移され、コミュニティに代わって医者が権威の中心になった。もちろんこのコミュニティから医学の世界への移動にはじゅうぶんな理由がある。医者、病院、老人ホームはまるで奇跡のように人の体を扱ってくれる。ところがその奇跡が空しく終わったとき、死は「医学はすべてを解決できるというイメージを破壊する、厄介なもの」に変わってしまう。

死者が出たときに病院や老人ホームが動揺するのは当然だ。人々は、医学は奇跡を起こせると信じている。だが来たるべき時が来ると、その奇跡への期待が吹き飛んでしまう。そのとき私たちは、医学への信頼に疑問を抱く代わりに、入院患者や見舞客を動揺させることを恐れて、死を見えないところに隠してしまう。まさに証拠隠滅だ。終末期医療で有名なエリザベス・キューブラー・ロスは、目に見えない死について、こんなふうに書いている。

死は生の重要な一部分であり、誕生と同じく、自然で予知可能なものである。ところが現代では、誕生は祝福されるのに、死は恐れられ、口にするのが憚《はばか》られるようなものとされている。[……]死が受け入れられにくいわけは、死が私たちにとって馴染みのないものだからだ。死は頻繁に起こっているにもかかわらず、人の目に触れることが少ない。病院で人が死ぬと、遺体は速やかに運び去られる。死は、誰の心も乱さないうちに、あとかたもなく魔法のように消し去られてしまう。*1

私は昔からずっと考えてきた。死者を扱うのに、裏口を使うという方針にもとづいて死者を「消してしまう」のではなく、もっといい方法はないのだろうかと。死を隠すのではなく、死を讃えることができるような方法があるのではないか。そしてついに、つい先日、ある体験を通じて、別の方法があることを知った。

名誉の行進

私はそれを、創業以来最も多忙な時期に体験した。その日、葬儀が三つあった。午前中に一つ、午後に一つ、夕方に一つ。私はその三つを全部こなし、帰ろうとしていたとき八時頃に電話が鳴った。リティッツにある有名なルーサー・エイカーズ老人ホームからの依頼だった。私は車に飛び乗り、一時間かけてリティッツまで行った。

葬儀と遺体処理で、三〇時間連続で働いたことがある。それが私の記録だ。幸い、そのときはその記録を破るようなことはなさそうだったが、たっぷり一四時間は働くことになりそうだった。終わったら、家に帰り、眠り、朝起きたらまた同じことをやるのだ。とにかくその頃は忙しく、スーツを着たまま生活しているみたいだった。

ルーサー・エイカーズには行ったことがなかったので、あと一〇分で着くというときにナース・ステーションに電話を入れた。

「葬儀社のキャレブ・ワイルドです。テイラー夫人の引き取りに伺うところです。もうホームの近くなのですが、どこへ行ったらよろしいでしょうか?」

建物の裏に回り、裏口を探し、インターフォンで呼び出してくれ、といった説明を期待していたのだが、電話の相手は明るい声で、こう言った。

「うちは正面玄関を使う方針なので、正面の入口に来てください」

一気に肩の荷が下りたように感じた。彼女のいう「正面玄関を使う方針」が何を意味するのか、よくわからなかったが、その明るい声から察して、悪いことではなさそうだったからだ。

一〇分後、私は正面玄関に車をつけた。看護師が玄関の外にいて、私を出迎えてくれた。これはめったにないことだ。いつもなら看護師と一緒にそっと裏口から忍び込むのだが、この看護師は正面玄関から入り、廊下を通って、テイラー夫人の部屋に向かった。夫人の家族はすでに面会を済ませて帰った後だったので、部屋にいたのは看護師と私とテイラー夫人だけだった。

私はテイラー夫人をベッドからストレッチャーに移しながら、看護師と故人がどんな関係だったのかを探ろうと、看護師に、テイラー夫人についていくつか質問した。

「テイラーさんはどれくらいの期間ここにいたんですか?」

「最後の数日間は苦しみましたか?」

「口はきけたんですか?」

看護師は老人ホーム居住者の死を嘆かないだろう、などと考えるのはまったくの的外れだ。多くの居住者は何年間もホームにいる。彼らの多くは看護師を愛している。看護師たちも、自分が毎日世話をする居住者たちに友情を感じている。

だが、テイラー夫人の場合は事情が違った。老人ホームに入居したときにはすでに認知症がかなり進んでいて、看護師と友好関係を築くことはできなかった。だが私は経験上知っている――ほとんど一方通行の人間関係でも愛は育つ。私たち人間は、赤ん坊に対して絆や共感を覚えるように、認知症の老人に対しても絆や共感を覚えるようにできているのだ。

私たちはいまこそ「神聖な」という言葉を用いるべきだ。この言葉はその意味を失ってしまった。もっぱら宗教的な意味でしか用いられなくなったからだ。宗教に関わることだけが「神聖な」と言われる。この定義はある程度まではあてはまるが、宗教と関係ないところでも、愛があればそれは「神聖」だ。

何か、あるいは誰かが愛されているとき、その何か、あるいは誰かは愛によって「神聖な」ものになる。だから子どもたちは神聖だ。恋人も神聖だ。趣味だって神聖だ。認知症の老人も神聖だ。人から愛されているのだから。死者ですら神聖だ。その体はもう動かないが、家族や友人の愛によって「神聖な」ものになっている。

ルーサー・エイカーズでその後に続いて起きたことは、私の短い人生のうちでも最も神聖な営みの一つだった。

私がテイラー夫人をストレッチャーに移し終わると、看護師はスタッフたちが縫った「名誉のキルト」を取り出した。私がそれをストレッチャーの上に広げるのを手伝いながら、看護師は説明した――このキルトはスタッフの愛と思いやりで遺体を包むことを意味するのです。そして彼女は「ちょっと待っていてください。すぐに戻りますから」と言って、出て行った。

数分後、彼女は戻ってきた。

「準備オーケーです。ここから名誉の行進をします。ここから玄関まで、スタッフ全員が壁に沿って立って、お見送りします。あなたはテイラー夫人のストレッチャーを車まで押していってください」

私は驚いて尋ねた。「ここでは全員にそれをするんですか?」

看護師は答えた。「はい。昼でも夜でも」

昼間だったらどんな感じだろう、と私は想像してみた。昼間は居住者や見舞客が廊下を行き来しているはずだ。私はしばし考えてみた――スタッフ全員が仕事の手を止めて、廊下に並ぶ。これは何を意味しているのだろうか。

死を隠す、あるいは目に見えないところに追いやる、その正反対のことをしているのだ。

亡くなった居住者を讃えているのだ。死をわが身に受け止めているのだ。これこそが正しいやり方だ。これはまさしく神聖な行為だ。

私はテイラー夫人を載せたストレッチャーを押して、廊下を歩いて行った。両側には看護スタッフがずらりと並んでいる。口をつぐんだまま、テイラー夫人を讃えている。私自身も讃えられていると感じた。スタッフたちはテイラー夫人に感謝の意を表しているだけでなく、間接的に私にも謝意を表してくれているのだ。独特のやり方で、私の仕事、私の職業に敬意を払ってくれているのだ。私はその日、一四時間ぶっつづけで働いていたが、疲れなど吹き飛んでしまった。隠れる必要もなかったし、こそこそやる必要もなかったからだ。

テイラー夫人を車の後部に載せたとき、すばらしい一日だったと感じた。長い一日だった。私は疲れていた。でもルーサー・エイカーズはテイラー夫人を讃えていた。スタッフは自分たちの悲しみをちゃんと表明していた。居住者の一人を失ったという事実を、一人ひとりがしっかりと受け止めていた。彼らは私にまで感謝してくれた。彼らは死を深く理解していた。彼らの行為は限りなく神聖なものだった。

＊1 Elisabeth Kübler-Ross, Death: The Final Stage of Growth (Scribner, 1997), p.5.〔E・キューブラー・ロス『死、それは成長の最終段階』鈴木晶訳、中公文庫、p.42-43.〕

九章　沈黙の声を聞く

家業の葬儀屋を手伝うようになってからも、私は自分の不安や恐怖をコントロールする一つの方法として、宗教を利用していた。宇宙の基本原理や根本真理を知りたいという気持ちは依然として衰えていなかった。

私はいわば神を手元にキープして、死の混沌に対抗する私の砦の礎石にしたかった。宗教はいわば私の麻薬になっていた。だが、ほんのいまから数年前、ロビーの子どもたちの顔を見たとき、私の砦は深刻な疑問を突きつけられた。

私は電話を取り、いつも通り決まり切った応対をした。電話の向こう側の女性はいきなりこう言った。

「困ったことになりました。昨日、娘婿のロビーがオートバイ事故で亡くなったんです」

彼女が電話してきた理由がわかったので、いつも通りの決まったことを述べた。

「ご愁傷様です」

「ありがとう」と彼女は答えた。

電話の主がそれ以上何を言ってくるかを見定めようと、私は間を置いた。だが同時に、心の中で、マニュアルからちょっと外れて、どんな死に方だったのかを詳しく聞くべきだろうかと考えた。

だが、まずはマニュアル通りに、彼が運ばれた病院の場所、娘つまりロビーの妻の名前（ジェンナ）、彼女の電話番号、そしていちばん聞きにくいことを質問した。

「ジェンナはエンバーミングを望んでおられるんですか。それとも火葬を？」

電話の相手はよくある受け答えをした。

「遺体の状態によります。検視官の話では、ロビーはヘルメットを被っていなくて、木に激突したそうです。でも、それ以上のことは話してくれませんでした。もしひどい状態だったら火葬を、修復可能ならエンバーミングをお願いしたいですね」

そこで私たちは、今後の手順を決めた。まず私が病院に電話して、彼女の娘婿を運び出せるかどうかを訊く。それから検視官に電話して、遺体の状態について話を聞く。そのあとで彼女に電話して、葬儀の相談のために来社してもらう時間を決める。

私は検視官に電話し、病院から死体を運び出した。

一時間後、私は葬儀社の遺体処理室で、遺体の入った袋のジッパーを開けながら、この四〇歳の男の体が、弔問客との最後の対面に堪えられるかどうか、調べていた。木に激突したのは後頭部だったので、なんとか修復すれば、妻と、五歳から一三歳までの四人の子どもたちとの最後の対面は可能だろう。

およそ一〇時間かけて、縫ったり、接着したり、詰め物をしたり、化粧をしたりしたが、きれいにはならなかった。一般に、死者がふつうに見えることはない。生前の姿になれているため、死者を見ると、どこかが違うと思われてしまうのだ。だがこの場合はそれとは異なった。何しろオートバイで頭から木に突っ込んだので、いわばスイカ割りに使われたスイカを元通りにするようなものだった。

私はロビーの妻に、遺体を弔問客に見せるか、それとも柩を閉じてしまうか、決めてもらった。彼女は柩を開けておきたいと言った――ひどい姿でもいいから、みんなに現実を見てもらいたい、私の悲しみを分かち合ってもらいたい。四人の子どもや、その友人たちにも見せたい。子どもたちの多くにとって、激しく損傷した遺体を見るのは生まれて初めてだろうが。

悲劇的な死に参列者が多い理由

最後の対面の終了時刻が近づいても、弔問客の列は途絶えなかった。ロビーの場合のように、弔問客が大勢来る要因はいくつかある。まず、人間関係の広さ。故人の人付き合いが多い、たとえば教会の活動的なメンバーだったり、地域の活動をしていたり、あるいはたんに大家族だったりすれば、弔問客は多くなる。第二の要因は年齢だ。故人が若ければ若いほど、葬式の規模は大きくなる。だが、葬式の規模を決める最大の要因は、どんな死だったかということである。

ほとんど必ずといっていいほど、悲劇的な死の場合には葬式は大規模になる。その正確な理由は私にもわからない。祖父に言わせると、悲劇的な死の場合、野次馬的な客が多い。彼らは、故人の家族とほとんど付き合いがなくとも、遺体がどれほど損傷しているかを見たくてやってくるのだ。

私はもう少し好意的に見たい。私の考えでは、悲劇的な死のほうが、人々のショックと悲しみは深いのだ。それで葬儀に参列したいと思うのだ。

いずれにせよ、ロビーの場合にはそれらすべての要因が関係していて、最後の対面は終了予定時刻より一時間以上オーバーした。ようやく最後の弔問客が対面を終え、家族が最後の別れを告げるときがやってきた。

葬儀が行われたのは小さな教会だった。柩は祭壇の前面に置かれていた。私たち葬儀屋は、家族のプライバシーを思いやり、彼らが心置きなく泣けるように柩の向きを変え、上げられた蓋《ふた》で参列者たちの視線が遮られるようにした。

その祭壇はとても音響効果が良かった。讃美歌がよく響くように設計されたのだろう。だがこの日は、妻と子どもたちの泣き声が響き渡り、時間が止まったかと思われた。やがて祖父が柩のそばにやってきて、子どもたちを抱きかかえ、「お前たちにはまだわからないだろう」と言った。

誰にも説明できない死によって引き起こされた泣き声が祭壇に響き渡った。その場にいた誰一人として、ロビーの死を理解できなかった。

誰もが理解しようとしていた。必死に説明を探していた。

子どもたちの顔を見ていたその瞬間、私は彼らと同じような状態になった。意味を失った決まり文句を次から次へと繰り出して、私は自分の心が語りかけてくることと和解しようとした。

意味の無いものを理解することなんかできない。

ロビーの死には「神の意志」などない。
すべての傷は時間によって癒やされることはない。
神は天国に新しい天使を迎えることを欲していない。

私は一〇代の頃からずっと、私の不安を解消してくれるような答を探していた。高校生だった「修行僧時代」も、宣教師養成の神学校で懸命に単位を取ろうと努力した時代も、そしていまも続く神学の勉強も、すべては適切な言葉を見つけようという試みにすぎない。私は沈黙と闘うために片っ端から言葉を集めた。神の概念は私にとって「機械仕掛けの神」、すなわち最も困難な経験を解決するために、私が天から引っ張ってきた仕掛けだった。

だがロビーの葬式のとき、生まれて初めて、沈黙が私の存在の中まで入り込み、突然、悟った――天国とか復活という概念は一部の人にとっては価値あるものかもしれないが、いまここでロビーの柩の蓋を閉めるとき、そうした概念に、泣きじゃくるロビーの子どもたちを納得させられるわけがない。

柩の蓋が閉まるのを見ながら、私は「聖土曜日」の務めを果たさなくてはならないのだと思った。聖土曜日とは、キリスト教の暦で、私たちが疑いと不安と、見捨てられたという感情の中で、神に祈る日だ。私は悟った――素直に死と向き合うためには、人々を天国に導くなどという信念は捨てなくてはならない。そのときは、私は信仰心を捨てたのかと思ったが、いまから振り返ってみると、そうではない。むしろ信仰心を黙らせたと言ったほうが正しいだろう。まるで神が私のほうを見て、「内緒にしておけ」と命じたかのようだった。

脳科学から見た死

そのとき、あることを急に思い出した。第一次世界大戦で死んだ人々を讃える、イギリスの戦没者追悼記念式典の第一回は、一九一九年一一月一二日に開かれた。翌日の「マンチェスター・ガーディアン」紙は、次のように報じている。

「一一時を告げる鐘は魔法のような効果を生み出した。路面電車はぎいぎい音を立てて停車し、車はエンジンの音を止め、荷馬車を引く馬たちも、まるで自分の意志であるかのように、歩みを止めてうずくまった。誰もが立ち止まった。静寂が支配した。静寂は町全体に広がり、あまりの静けさに、沈黙が聞き取れるかのように感じられたほどだった。ほとんど痛いような沈黙だった。そして、あの記憶がすべての人を覆い尽くした」

死がもたらす沈黙は、時には痛いほどだ。それは私たちの心の底にある恐怖を明るみに出すからだ。沈黙は次のような事実を明るみに出す――私たちが用意した最高の答、つまり人は天国に行けば幸福になるという答と、全面的な死の否定だけでは、ロビーの子どもたちを泣きやませることはできないのだ。

私たちの脳は、生物学的に、黙っていても未来を予測するようにできている。だから私たちは生き延びるために、必死に確実性を求める。他のものをすっとばして、神に飛びつこうとする。ニューロリーダーシップ（ニューロサイエンスの知見を生かしたリーダーシップ開発を目指す有名な組織）の共同創立者であるデイヴィッド・ロックはこう書いている。

脳は一瞬ごとにあらわれるパターンを知ろうとする。必死に確実性を求める。予測を可能にするためだ。予測ができないと、脳は、一瞬一瞬の経験を処理するのに、エネルギーを大量に消費する前頭前野をはじめ、はるかに多くの部位を動員しなければならない。わずかでも不確実だと、眼窩前頭皮質《がんかぜんとうひしつ》に「誤った」反応が生じてしまう。そのために注意が目標から逸れて、その誤りに注意を集中することになる。［……］上司が何を期待しているのかがわからないとか、自分の仕事が安泰かどうかがわからないといった大きな不確実性があると、脳は衰弱してしまうことがある。*1

そのため、愛する人の死による不安定感で、生活が滅茶苦茶になってしまったりする。

安定感を取り戻すために、脳の全エネルギーが使われてしまうからだ。そのため、トラウマになるような出来事が起きると、子どもの成績が下がってしまったりする。

離婚のせいで、仕事の能力が落ち込んでしまったりする。

家族の一人が悲劇的な死を遂げると、家族全体が崩壊してしまったりする。

そのため、私たちは占い師とか、宗教の教祖とか、経済の先行きを予想する評論家とか、安心感を与えてくれる政治評論家にすがったりする。満足のゆく説明が得られないと、安心できない。

ところが沈黙を前にしたとき、私たちは生存本能や生物学的特性を意識的に否定しなくてはならない。そのとき、私たちの答とか、説明とか、確実性とか、天国への導きだけでは、私たちの疑問や疑念や不安は解消できないことを悟る。

実際、確実性の欠如が恐怖の土台になっている。おそらく私たちが死を恐れるのは、沈黙を前にしたとき、安心感などもてないからだ。私たちは死を恐れるのと同じくらい、沈黙を恐れる。いや死よりも沈黙を恐れているかもしれない。

沈黙の中で落ち着くことが、死と折り合いを付けるための第一歩かもしれない。というのも、いちばん基本的な生物学的なレベルでは、死と沈黙は同義だ。反対に、沈黙の中で安らいだ心をもてることは、生きていくための第一歩かもしれない。

私がその後に学んだように、死はそれほど恐ろしいものではないかもしれない。実際、死は人間の経験の中で最も美しいものかもしれない。

しかし、死の中にポジティブなものを見出すためには、沈黙を受け入れる心構えをもたなくてはならない。勇気の貯蔵庫の扉を開いて、死を否定しようとする言葉をすべて脇へ押しやる。死の師としてではなく、死の学び手として、腰をすえ、沈黙を通じて死が語りかけているものに耳を傾ける。これこそが第一歩なのだ。

それはけっして容易な一歩ではない。私はその後すぐにそれを思い知ることになる。

＊1　David Rock, "SCARF: A Brain-Based Model for Collaborating with Others," NeuroLeadership Journal 1:4.

一〇章　ある牧師の最低な説教

葬儀業の免許を取得して一年くらい経った頃のある日、私は祖父が年輩の男性に服を着せるのを手伝っていた。私はペンシルベニア州から「葬儀研修生」の資格を与えられるとすぐ、準備室や遺体処理室で、祖父のエンバーミングや化粧、納棺を手伝い始めていた。祖父が縫合用の糸をどれくらいの長さで切るのが好きか、エンバーミングの器具をどういうふうに配置するのが好きか、エンバーミングの段階に応じて、外科用の照明をどこに置くのが好きか、すでに全部覚えていた。エンバーミングには一つや二つの失敗は付きもので、一つがうまくいかなかったら、すぐに別のやり方に切り替えればいいのだが、服を着せる作業はそうはいかない。

私たちが毎朝服を着るのと同じように遺体に服を着せる葬儀屋もたまにはいるが、たいていはシャツやスーツの背中を二つに切って、外科医の手術着みたいに着せる。背中の部分を切ると、故人の現在の体重に合わせて調整することもできる。どんな死に方をしたかによって、故人は生前より膨張していたり、痩《や》せていたりするのだ。

服のカットには神経を使う。ちょっとでも注意を怠ると、取り返しのつかないことになる。やり直しはできない。エンバーミングのときにはＢＧＭはかけないが、とくに服を着せるときには話もせず、目下の作業に集中し、気を抜かないように努める。それでも時々、この神聖な沈黙が破られることもある。

ちょうど私がワイシャツを遺体のやせ細った首に合わせていたとき、電話が鳴り、そばにいた父が出た。長年にわたって死のそばで仕事をしていると、この仕事には波があることがしだいにわかってくる。たとえばペンシルベニアの冬は、インフルエンザや肺炎やその他の病気が、死が迫っていた人々の寿命を一気に縮めてしまう。

その日は冬だったので、電話が鳴ったとき、私は思わず、「また誰かが死んだな」とつぶやいてしまった。祖父に「名前を聞いてこい」と言われ、私は遺体処理室から事務所に行き、父が「チャド」とメモしているのを見た。すぐに遺体処理室に戻り、たったいま亡くなったばかりの人物の名前を告げると、祖父は驚いた様子だった。インフルエンザの季節に老人が最後の藁《わら》（命を最後まで支えていたもののたとえ）を奪い去られたのではなかった。場末のホテルで、若者が麻薬中毒で死んだのだった。

　私はガレージから九〇年代後半のビュイック・コンヴァージョン・ワゴンを出し、後部にストレッチャーを積み、二カ月ほど前に、ホテルの三階の部屋で麻薬の過剰服用で死んだ別の人物を思い出しながら、ラテックスの手袋と防護服を車に放り込んだ。あのときのホテルにはエレベーターがなく、父と私は遺体を載せたストレッチャーを階段で運んだ。階段も狭く、仕方なく遺体の頭を下にして運んだのだが、そのせいで死人は胃の中身を私の服の上に吐き出した。二度とそういう経験はしたくなかった。

　三〇分ほどで到着した。そのホテルは一階しかなかったので、私はほっと胸を撫で下ろした。警察は、私を立ち入り禁止のテープの中に入れて、部屋に案内してくれた。チャドの遺体は白い布で覆われていた。警官が警告した。

「運ぶとき、気をつけてください。遺体の下には注射針があるかもしれないから」

　部屋には麻薬の器具が散乱していた。どうやら彼はこのホテルに住み着いていたらしい。私たちはストレッチャーを押してベッドに近づき、遺体を覆っていた白い布をめくると、血の気の失せた、半裸の、二〇代後半の男が仰向けに寝ていた。まぶたと鼻の間のくぼみに水のような液体が溜まっている。水なのか、唾液なのか、涙なのか、わからなかった。

たいていそういうものは、故人の最期の数分間について何かを物語る、いわばパズルの何枚かのピースを提供してくれるものだが、全体がわかるのにじゅうぶんなピースを提供してくれることはまずなくて、後は私たちの想像に委ねられる。チャドは迫り来る死を悟って涙を流したのかもしれないし、転んでコップの水が跳ねたのかもしれないし、麻薬のせいで体温と血圧があがり、汗をかいたのかもしれない。

いずれにせよ、処理しなくてはならない。私たちは彼をストレッチャーに載せ、ワゴン車に積んで葬儀社まで運び、エンバーミングをほどこした。

再発見されたエデンの園

葬儀の日の朝、私たちは準備のため、一時間ほど早めに教会に着いた。私たちは一番乗りをモットーにしているが、その日はチャドの母親に負けた。顔に笑みを浮かべて、小さな祭壇に息子の写真を並べていた。ベビー服を着た赤ん坊の写真。古典的なTボール（ピッチャーのいない野球）の写真にはアメリカらしさと少年の夢が溢れている。高校のダンスパーティの写真。卒業写真。それだけだった。写真は高校卒業までしかなかった。彼は卒業後、両親の元から離れたのだ。

私はチャドの母親の笑顔が気になったので、柩のまわりに花を飾りながら、さりげなく

「気分はいかがですか」と聞いてみた。このごくふつうの質問も、葬式では特別な意味をもちうる。正直なところ、葬式ではこんな質問はすべきでないと思う。相手から「いま葬儀の最中ですよ。どんな気分だと思うんですか?」という答が返ってきても不思議ではない。だが、そのときの彼女の返答に私は衝撃を受けた。

「ここ一〇年間、一日も熟睡できなかったわ。死よりもっと酷いことがある。麻薬中毒になった息子がどこでどうしているか、心配し続けていたわ。いま、あの子は安らかに眠っている。これで私も安心して眠れるわ」

じきに準備が整い、人々が祭壇にやってきて、家族に挨拶し、チャドに別れを告げた。若くして不慮の死を遂げた場合は、葬儀は大規模で長いものになりがちだが、麻薬中毒者の場合はまた別だ。麻薬中毒者は社会の中で孤立しがちだから、葬儀も小規模で暗いものになりがちなのだ。

ところが、チャドの場合は違った。麻薬の過剰服用で死んだにもかかわらず、予定時刻の二時を過ぎても、彼に別れを告げようとする参列者の行列は途切れなかったので、三〇分延長することにした。二時半に、柩の蓋を閉めるため、私たちは家族に集まってもらった。

そのとき、チャドの友人の一人が走ってきて、「蓋を閉める前にどうしてもチャドに会わなくてはならない友達がいるんです。あと二分で来ますから、待ってください。お願いします」と言った。二分が一〇分になり、一〇分が二〇分になったが、その友達はあらわれなかった。「もう二〇分も待ったので、そろそろ閉めましょう」などとは言いたくないのだが、葬儀屋にはちゃんと葬儀を最後まで滞りなく執り行う責任がある。私は、待ってくれと言った友人にこう話した。

「その友達のケータイに電話して、いまどこにいるか、聞いてくれないかな?」

ちょうどそのとき、その友人が教会に飛び込んできたので、私は「時間にうるさい葬儀屋」というレッテルを貼られずに済んだ。その友人は自分の意志ではなく、友人たちに押されるようにして、いや引っ張られて、祭壇に近づいた。彼は友人たちに抵抗していた。明らかにチャドを見たくないのだ。だが、まわりの友人たちの手を振り払うほどの強い意志があったわけでもなかった。彼は柩の前に立ったが、まるで闘いに臨むかのように、拳を握りしめ、歯を食いしばっていた。実際、彼は闘っていたのだ。この喪失と。恐怖と。ひょっとしたら自分の恥と闘っていたのかもしれない。

ぎりぎりまで闘っていたが、柩のそばに立ち、友達の顔を見た瞬間、彼は降参した。固く握っていたこぶしの力を抜き、死んだ友達の胸の上に置いた。さっきまでそっぽを向いていた顔は、いまや死んだ友達の顔をじっと見つめていた。食いしばっていた歯から力が抜け、彼は口を開けて、はあはあと喘《あえ》ぐように息をして、体全体を震わせていた。そして泣き出した。涙は善き懺悔《ざんげ》のようなものだ。彼はチャドの遺体に抱きついた。さっきまで必死に抗っていたのに、いまは遺体を固く抱きしめていた。

葬儀の際の涙は伝染しやすい。柩は祭壇の前面に置かれているので、そこで繰り広げられたドラマは参列者全員が目撃した。その友人がなりふりかまわず泣き始めると、参列者たちは涙を拭ったり、あわててティッシュを出したり、隣同士で抱き合ったりした。涙が参列者たちを呑み込み、祭壇が本当に聖なる場所に見えてきた。

人間の内部には、恥や恐怖に一度も傷つけられていない秘密の場所があるように思う。その場所はいまだに無垢で、傷つけられたり擦られたりしていないので、固くなっていない。その無垢な場所では、私たちはありのままの自分でいられ、自分は愛されているのだと信じることができる。そこでは完全で完璧な振りをする必要もなく、仮面をかぶる必要もなく、傷を隠す必要もない。

しばしばその場所は、死によって明るみに出される。私たちは死の手を、冷たい気まぐれな骨みたいなものとしてイメージするが、じつは熟練した時計職人の手みたいなもので、私たちの中にあって、いまなおエデンの園の感覚を覚えている複雑な部品を、巧妙に組み立て、修理する。エデンの園では、弱いことが当たり前であり、恥の感覚などは力をもたない。

チャドの葬儀では、エデンの園が再発見されたのだ。自分のケータイを見ている人は一人もいなかった。自分が今朝何をしたのか、葬儀の後何をするのか、などと考えている人も皆無だった。その美しい瞬間に、誰もが羞恥心を忘れ、心をさらけだした。時として、すべてが失われたように思われたとき、人々は心を一つにする。

参列者が着席すると、牧師が説教壇に立った。彼はいま目の前で起きたことには心を動かされていないらしかった。私と同じように、葬式の開始時刻が大幅に遅れたことを気にしていたのだろう。たぶん、「説教を短縮すべきだろうか？　どの部分を削ろうか？」と考えていたのだろう。

私は牧師には共感を抱いている。牧師も葬儀屋も、劇的なことが起きて、予定の時刻通りに事が進まないと焦る。牧師と葬儀屋は、死のケアの前線で闘う戦友なのだ。銃で自殺した現場に赴いて、浴室を掃除し、天井に刺さった頭蓋骨のかけらを抜いている牧師を見たこともあるし、死にかけている人の枕元で夜遅くまで座っている牧師を見たこともある。柩の蓋が閉じられるとき、最後の別れを告げる家族たちをしっかりと抱きしめる牧師を見たこともある。

だから牧師を尊敬しているが、あの日、牧師が話したことにはほとんど共感できなかった。私たちが胸に抱いている、死をめぐるネガティブな物語のほとんどは、こうした葬儀の説教によって形作られるものだから、私たちの死のイメージに害を及ぼすような説教には、私は敏感になっていた。

「私たちは、自分がどうしてここにいるのか、知っています」と、牧師は声を張り上げて言った。「聖書にも、『罪の報酬は死である』（ローマの信徒への手紙）と書かれています」。彼はこの二つの文で、私たち全員をエデンの園から放逐してしまった。

「私たちの誰もが罪を犯し、神の栄光には届かずに、一人残らず死んでいきます。それはアダムが犯した罪に対する罰なのです。しかしチャドの罪はじかに彼の死を招きました」

私は教会の中を見回した。チャドの友人たちはうなだれていた。牧師は、友人たちもチャドと同じような生活をしているにちがいないと思ったのだろう。葬儀に集まる人は故人を映す鏡だ。チャドは麻薬常用者だったのだから、牧師の推測も的外れではなかったかもしれないが。

死は罪でも恥でもない

それでも私はその後何年も、この「罰としての死」という考え方を問題視してきた。その起源はエデンの園の物語だ。その物語では、死とはアダムとイブが犯した罪への罰である。聖パウロの言葉を借りれば、「罪の報酬は死である」。そこでは、死はもはや自然の一部ではなく――つまり、自然が次世代のために場所を作る一つの方法なのではなく――押しつけられた結末だ。

この物語では、私たちは一人残らず死ぬということと、罪とが頻繁に混同されている。この物語では、死とは恐れるべきもの、闘うべきもの、隠すべきものである。そこから、私たちの心の奥底に植え付けられた「死とは恥である」という感覚や、私たちは努力して努力して努力して、神の恩寵によって人間以上のものにならなければ救われない、というきわめて有害な考え方が生まれた。

私は当時すでにわかり始めていた――死をめぐるネガティブな物語を捨てるならば、この「死とは恥である」という感覚や、「人間以上のものにならなければ救われない」という物語をも捨てなければならない。

自分を生まれつき罪深い者と見るのではなく、生まれつき死すべき運命を背負っている者と見なすことは、次のようなことを認めることだ――死をめぐる自分の恐怖、不安、飢え、疲れ、老化、性欲、人恋しさなど、私がしばしば呪ったり讃えたりする、自分の人間としての属性を、私たちはしばしば恥だと考えるが、少しも恥ではないのだ。生まれつき死すべき運命を背負っているからといって、生まれつき罪深いわけではないのだから。

恥を捨てたことで、私の人生には弱さがあらわれた。弱くなって、倒れてしまい、死の問題に疲れ果てて、救急車で運ばれたこともあった。利己主義に陥ったり、恐怖に怯えたりすることにもなった。自分のことをだめな人間だと思うこともあった。

それでも私は他の人々に手をさしのべた。自分が死すべき運命を背負っていることを、恥ずかしいとは思わなかったからだ。

このように、死すべき運命を肯定的に捉え、恥を捨てたことで、私は他の人々に助けてもらう必要があるということを、進んで受け入れるようになった。自分は成長しつつあるのだ、他の人々から多くを学ぶことができるのだ、ということがわかってきた。

私にとって、弱さとは、恥ずかしさに負けて、持ってもいないのに、あたかもすべてを持っているかのように行動することではない。実際にはできないのに、何でも自分一人でできるかのように行動することではない。

弱さとは、自分がどれくらいの位置にいるかについて正直になることであり、導いてくれる人の手を握ることであり、恥を捨てて、その導いてくれる人に自分の問題を打ち明けることだ。チャドは麻薬中毒者だったが、チャドや友人たちがあの日に聞く必要があったのは、「彼らは生まれつき間違っているのではない。生まれつき死すべき運命を背負っているだけであって、それについて恥じる必要はない」というメッセージだったのではなかろうか。

さまざまな問題から解放される第一歩は、認めることだ。「私たちの誰もが助けを必要としている、愛を欲している、互いを必要としている、癒やしを必要としている。そしてその必要を満たすにはより健全な方法を見つけなければならない」ということを。結局、麻薬常習になった理由が何であれ（痛みから逃れるため、困難な生活から逃れるため、仲間に入れてもらうため、快感を得るため）、そのすべてが、人間という存在の根幹にかかわっているのだ。

むなしき「アーメン」

私は祭壇の後ろに立って、私たちをさんざん待たせ、チャドの胸で大泣きした友人を、じっと見つめていた。彼は明らかに興奮していた。牧師は胸を張り、太く低い声で、手ぶり身ぶりを交えて語り、その言葉は教会中に響いた。牧師はチャドの友人たちに向けて話していたわけではないが、神学用語を交えたその説教は、ここでは彼が権威なのだということを、すべての参列者に思い知らせるものだった。彼は続けた。

「しかし神が、神の賢明な計画が、今日、私たちをここに集めたのです。たとえ神の計画を理解できなくとも、神は強く、動じないのです」

牧師がまくしたてている間、チャドの友人たちは恥ずかしさから、うなだれていたが、参列者の中には別の集団がいた。彼らは、牧師と同じように、孔雀みたいに頭を高く上げていた。牧師が神の完璧さとわれわれ人間の罪深さについて語っている間、あたかも彼らは、「強くて動じない」神のように行動することで、自分たちは人間の弱さを克服したのだ、と言わんばかりの顔をしていた。彼らは、自分たちが思い描く神になったかのような顔をしていた。もはやまったく弱い存在ではなくなっていた。もちろん彼らの心が読めたわけではないが、牧師の言葉にいちいちうなずき、「アーメン」と唱える彼らは、こう思っているかのように見えた。

「自分たちは人間を超越したのだ。思考と倫理と神の力によって、自分たちはもはや弱くないし、他人にも頼らない。もはや人間ではないのだ」

しかし私に言わせれば、問題はもっと根深い。自分は宗教的だという人々の場合はとくに。その問題は、神とは死を超越することだという発想と関係している。神は何も必要としない、神は不死だ、神は他者にいっさい頼らず、自力で立っており、他者との関係で傷ついたり動じたりしない——彼らはそんなふうに神をイメージしている。要するに、神には弱点はないというのだ。チャドの葬式の牧師や、それを支持する孔雀たちは、自分たちの信じる神の真似をしようとする。

ほとんどの宗教的伝統は、とくに私が葬式でさんざん聞かされた物語は、神は変化することなく、感情に動かされることがない、と信じている。なぜなら、彼らに言わせれば、変化や感情は弱さのあらわれだからである。

そうした「神の子」たちが、何があっても心を動かすことのない、感情を押し殺した人間になったとしても、なんの不思議もない。神の子たちは悲嘆や死について、冷静で無感情であろうとするが、それも不思議ではない。だから多くの人々は（いや、誰よりも私自身がとくに）悲嘆に抗い、喜びに抗い、悲しみに抗う。なぜなら、私たちが信仰し、その真似をしようとする「神」はいっさいの感情をもたないからだ。

死を恥ずかしく思うという問題が、神を「完璧」と見なすことに由来するなら、このストーリーをひっくり返して、「完璧」な神の代わりに、弱い神について考えてみたら、面白いのではなかろうか。神のいちばん中核にあるのが弱さだったとしたら、面白いのではなかろうか。

もし葬式でこの弱い神について語ったならば、チャドの友人たちも頭を垂れることはなかっただろう。彼らは教会という場所で仲間意識をもったかもしれない。もし牧師が、私たちとともに立ち、あるいはひざまずき、弱さを共有する神について語ったなら、チャドの友人たちも信仰心をもったかもしれない。

もし神が本当に愛だとしたら、そして私たちを見て、私たちとともに感じるのだとしたら、神の中核には弱さがあるということだ。神と人間との間に相互依存性があるからこそ、神は私たちの痛みを感じとり、私たちの喜びや悲しみを知ることができる。きっと、悲しんでもいいのだ。泣いてもいいのだ。弱くてもいいのだ。たとえ泣いたとしても、それは神のようになれないということではなく、神を信仰しているからこそ泣くのだ。

遅れてきたチャドの友達が何者だったのか、私は知らない。彼がどうしてもチャドに会いたかった理由も知らない。おそらく彼はチャドのいちばんの親友だったのだろう。チャドが麻薬を過剰に服用したとき、あの友達もその場にいたのかもしれない。二人はあのホテルの小さな部屋で一緒に暮らしていたのかもしれない。すべて私の推測に過ぎない。

私が知っていることはただ一つ。チャドの葬式の日、あの友達は心から神を信仰していたからこそ、わずかな時間、参列者全員をエデンの園へと導いたのだ。

一一章　がんと闘った少女の物語

朝の六時だった。

祖父と私が家の前に着くと、外でタバコを吸っていた故人の叔父が私たちを出迎えてくれた。

「死んだのは姪のサラです」

彼は半分の長さになったタバコを深く吸い、朝の冷たい空気の中へと大きく煙を吐き出し、説明してくれた——サラは八歳で、四年間がんと闘ったのだ、と。

「サラは母親のジョーンと一緒に居間にいます。ご案内しましょう」

私たちは家に入り、居間まで行った。二〇人くらいの家族や知人が部屋を埋め尽くしていた。座っている人も、立っている人も、床に横たわっている人もいた。一部の人は血縁によってではなく、がん細胞の異常な増殖と、その細胞が原因である闘病生活によって、故人と関わりがあった。がんは、教会とかスポーツとかクラブを通じてではなく、闘病と、痛みと、小児病院での偶然の出会いによって、多種多様な人からなるコミュニティを作りあげるのだ。

祖父はその場にいた人たちとハグし合っていた。私は、どうやって人が密集しているこの部屋にストレッチャーを持ち込み、サラを車まで運ぶか、という現実的なことを考えていた。まわりを見渡して、私は驚くべき事実に直面した。サラがいない。

サラのように、死が間近に迫った人が自宅で最期の時を過ごす場合、大勢の人が別れを告げに来られるように、一階の居間にホスピス・ベッドを置くのがふつうだ。これは死を少しでも優美なものにしようという、終末期医療の立場からの配慮だ。われわれ葬儀屋にとっても、これはありがたい。エレベーターが故障したちょうどその日に六階のアパートで死んだジャック・マックルアという人物がいたが、それに比べたら、一階で亡くなることはわれわれ葬儀屋にとってはありがたいことだ。

サラのベッドは居間の中央に置かれていたが、サラはそこにはいなかった。

サラの家族はまず、サラがどんな子だったか、彼らにとってどんなに大事な存在だったかを、私たちに説明したがった。たんに事務的に、家に来て、遺体を運び出して、処理をしてほしいという家族もあるが、サラの家族にとっては、私たち葬儀屋に詳しくサラの話をすることが重要だったのだ。朝六時だったから簡潔ではあったが、話をすることで、私たち葬儀屋の心にもサラの具体像ができ、私たちもまたサラを愛することができ、いわば拡大家族の一員になれる、彼らはそう信じているのだった。

彼らは、サラが病院で知り合ったがん患者たちをどれほど勇気づけたかについて語った。サラはカードを作って同じ病棟の患者たちに送り、好物のハーシーのキスチョコをもらうと、必ずみんなに分けるのだった。彼女はどんなに苦しいときでも笑みを絶やさなかった。彼女は家で死ぬことを望み、最期の日々は、彼女が死んだ後に家族がちゃんと生きていけるかどうかを心配していた。

家族の語り口は、サラに対する愛情に溢れていた。彼らの話を聞いていると、われわれのようなまったくの他人でさえ、サラの存在を身近に感じることができた。

話を聞き、それを全部飲み込んだ後、私たちはそろそろ遺体を運び出してもいいかと尋ねた。彼らは、「いいですよ。もう別れは済ませましたから」と答えた。

そこで私は尋ねた。

「それで、サラはどこにいるんですか?」

「ここよ」と、サラの母親のジョーンが答えた。彼女がサラを抱いていたのだ。サラは小さなビーニー帽（ニットのキャップ）をかぶっていて、五歳くらいにしか見えなかった。早朝だったので、私はてっきりサラの妹が母親に抱かれて眠っているのだと思っていた。サラは帽子を被っていたので、抗がん剤で髪を失った頭は見えなかった。

サラは母親の腕の中で息を引き取ったのだった。小さな体だったが、その存在は、人がひしめき合っている部屋全体を満たすほど大きかった。

眠っている子どもを抱き取るかのように、祖父はひざまずいて、サラの頭と腿の下に両腕を入れ、母親の膝から抱き取って、ストレッチャーの上に横たえた。

共感（エンパシー）と同情（シンパシー）は違う。介護や葬儀に携わる人間にとって、この違いは重要だ。ニコラ・デイヴィス博士はそのウェブサイトにこう書いている。

「いま仮に、深くて暗い穴の底にいるとする。穴の入口を見上げると、友人たちや家族があなたを待っていて、勇気づけるような言葉を投げかけてくれる。これが同情だ。彼らはあなたを穴の中から助け出したいのだ。その気持ちはあなたの支えになるだろうが、もっと支えになるのは、あなたの横に立っている人だ。その人は、あなたと一緒に穴の底にいて、あなたと同じ視点から世界を見ている。これが共感である」[*1]

往々にして葬儀屋は、その人の状況に一〇〇パーセント共感することはできず、同情しかできない。しょせん、柩に横たわっているのは私の父ではないし、私の娘でもない。家族ではないのだ。

私たちは仕事としてやっているのだ。私たちが葬儀をちゃんと執り行うことに対して金が支払われる。みんなが不安定な心を抱えているときに、しっかりとしていることに対して金が支払われるのだ。正直なところ、それ以上のことはできない。私は訓練して、ある程度客観的でいられるようになった。もし苦痛や悲嘆や心痛を全部引き受けてしまったら、私たち自身が燃え尽き、ダウンしてしまう（実際、ダウンしてしまう葬儀屋も珍しくない）。

だがその一方で、故人をとりまく物語に引き込まれずにはいられないこともある。葬儀屋としてではなく、生と死のドラマの、一人の登場人物として。その清々しい朝、祖父と私はサラの人生に引き込まれた。

私たちはサラの遺体を車に乗せて、会社に戻った。私たちはずっと黙っていた。疲れていたせいでもあるし、コーヒーがなかったせいでもあるが、何よりも、ついさっきまのあたりにしたことすべてを受け止め、背負い込んでしまったからだ。

サラの家族はエンバーミングを希望していた。私は子どもにエンバーミングするのが嫌いだ。本当に大嫌いだ。子どものエンバーミングが好きだという葬儀屋はいないだろう。とくに私たち夫婦には子どもがいなかったので、子どもの遺体に対して私は特別に過敏だった。

運良く私には他の仕事があったので、一つには利己的な思いから、一つには自分を守るために、がんと抗がん剤治療のためにやせ細ったその少女の遺体のエンバーミングは祖父一人に押しつけた。祖父もまた、私と同様、サラとその家族に惹かれるものを感じていた。祖父は触覚的なタイプの人間で、相手を抱きしめることができると、心が開かれるのだった。そしてその心は、彼が六〇年以上にわたって発揮してきた才能をふたたび開花させるのだった。エンバーミングの才能だ。

悲しみの真ん中にある喜び

エンバーミングはごく単純な置き換え作業だ。遺体から血を抜くと同時に、腐敗を防止する液体を注入する。指で首の右側に触ると、脈を打っている頸動脈が見つかるはずだ。この動脈を開くのだ。首を切開し、筋肉と腱を掻き分けて、頸動脈を探す（ただし、すべての葬儀屋が私たちと同じ動脈を用いるわけではない）。頸動脈の隣に頸静脈がある。その二つを引っ張りだし、互いに離しておくために糸で縛り、それぞれに小さな穴を開ける。以上の作業をわかりやすく説明すると、皿に載ったスパゲティ・ナポリタンの中に手を突っ込み、いちばん底にあるペンネを見つけ出すみたいなものだ。

エンバーミング・マシーンは実用本位の機械だ。ポーティ・ボーイという小さな機械だが、フーヴィアン・ダレク（イギリスBBC放送が一九六三年から放映している世界最長のSFドラマ『ドクター・フー』に出てくる地球外生物）みたいな形をしていて、スタイリッシュなところが皆無だ。上に液体容器が、下に二つのノブがついていて、スイッチを入れると、エンバーミング用の混合液が、ゴムのチューブを通って、頸動脈に注入される。ポーティ・ボーイからの圧力で、液体は動脈に入っていき、静脈から血液が排出される。深紅色の血液が、陶製のエンバーミング台の上を流れていくさまは、とても美しく、さまざまな色合いや陰影を見せ、まるで夕陽や晴れた秋の日を低速度撮影したビデオを観ているようだ。

私自身はエンバーミングがいささか苦手なのだが、時としてエンバーミングは遺族に、慰めのないときにささやかな慰めを与える。そして私の祖父ほど、その慰めを与えるのがうまい葬儀屋はまずいない。

二時間経った。私は遺体処理室に顔を突っ込んで、祖父の仕事の仕上がりを見た。少女の肌は、朝六時に運んできたときには青白い灰色だったが、いまや健康的な肌の色をしていた。体の大きさもずっと自然になっていた。がんによって失われた体重のいくばくかを、エンバーミングの液体によって取り戻したのだ。

「神様のおかげさ」

私が祖父のエンバーミングの出来映えを褒めると、祖父はそう答えた。

「苦しいときにはいつだって神様が助けてくださる」

私は心の中で、神が祖父の仕事を助けてくれるだろうかと疑った。神が祖父を助けてくれるにせよ、くれないにせよ――祖父が死んだ子どものエンバーミングの仕事をやり遂げるには、この暗い仕事に打ち込んでいる間、神がずっとそばにいてくれるという意識が必要なのだった。

私たちは死の中に、ぞっとするようなものと、美しいものの両方を見る。結局、死は、こうした「対立による緊張」によって、私たちの心を驚くほど一つに結び合わせる。おそらくそれが最も顕著にあらわれるのはエンバーミングの作業だろう。それは無気味だが、時には美しい。私たちは死の中に、コミュニティを作りあげる個人を見る。それがいちばんはっきりあらわれるのが葬式だ。

葬式の日がきた。サラは新しく買った服を着て、小さな白い柩の中に横たわっていた。家族はその両脇を花で埋めた。祖父は時間をかけ、服と化粧を丹念に仕上げた。その疲れた顔から、祖父は身体的にも精神的にもほぼ限界に達しているのがわかった。

祖父が仕上げたエンバーミングという仕事それ自体は、ぞっとするような、無気味で、野蛮なものだ。だが今日、サラの両親のジョーンとジムにとっては、サラはその短い人生で最も素晴らしい姿を見せてくれたのだった。

人が死んだとき、私たちはさまざまな贈り物を贈る。お悔やみの言葉をかける、故人の生前のエピソードを話す、お悔やみの電話をする、食べ物を差し入れる、あるいはたんに弔問にいく。一つ一つの贈り物は、ちっぽけで、つまらない物に見えるかもしれない。

だがその贈り物を全部合わせると、大きな絵ができる。葬式の間に、すべての贈り物がくっついて、モザイクのようなものを作りあげる。そのモザイクは、故人が何を、誰を愛していたのか、故人は私たちにとってどういう存在なのか、そうしたことを思い出させる、生きた思い出となる。

人間は、この大地を歩くとき、自分自身の一部を分け与える（時にはサラのように、ハーシーのキスチョコを配る）。サラが自分の一部を分け与えたとき、その一部は後まで残った。愛を与えれば与えるほど、その人はコミュニティの中にそれだけ長く生き続けるのだ。

それをどう定義するかにかかわらず、葬式というのは、故人が分け与えた自分の一部、破片がすべて合わさって、故人の存在がみんなの心の中に復活し、コミュニティの中に生き続ける場だ。

あの日のサラの葬式は、祖父と私を含めて、私たち全員がそれぞれのかけらをもって集まった。私のように小さなかけら、大きなかけら、退屈なかけら、明るいかけら、さまざまだった。いくつかのかけらは、サラが手作りのカードをくれたという思い出話だった。柩に入れるチョコレートを持ってきた人もいた。すべてのかけらが、全体を形作る部分だった。

あの日の葬式で、すべてのかけらが一つに合わさったとき、悲しみの真ん中に、喜びが感じられた。サラの死は、彼女の生と同様、何か美しいものを生み出した。それは私たちのことだ。

最後の対面、そして葬儀が終わると、柩を閉めるため、私たちは参列者たちに礼拝堂から出て行ってもらった。サラの両親、そして父方母方の祖父母が、私と祖父と一緒に柩のそばに残った。みんなが涙を流し始めた。祖父はいつものように家族の真ん中に立って、近くにいる人たちの肩を抱いた。その日はサラの父のジムと母のジョーンの肩を抱いていた。

ひとしきり泣いた後、ジョーンは私の祖父を抱きしめた。祖父のほうに頭を預け、しくしく泣いていたが、やがてこう言った。

「ありがとう。ありがとう。ありがとう」

サラを美しくしてくれた祖父の仕事に深く感謝していたのだ。

だが、サラが柩の中で生きているように見えたのと同じように、彼女の人生——彼女が与えたすべてのもの——が、今日、彼女を甦らせた。私たち全員がサラのモザイクであり、サラ自身は死んでしまったけれど、私たち——サラの家族、友人、葬儀屋でさえ——が彼女を甦らせたのだった。

＊1　https://healthpsychologycosultancy.wordpress.com/2011/08/11/empathy-versus-sympathy/.

一二章　天国の正体

社の外で葬列の車に駐車の指示をしていると、黄色のレーシングストライプにフレアサイドのホットロッド（加速性能を競う改造車）が列に入ってきた。わが社の駐車場のレイアウトは、一度でも経験がないと、なかなかスムーズに車を停められない。誰の車かわからなかったが、指示をしなくてもスッと入ったので、たぶん常連だろうと思った。

車から出てきたのは、ドニー・スミスだった。二〇分ほど雑談したが、父親の容態が思わしくないらしく、遠からず世話になるかもしれないと言われた。

葬儀だけでの知り合いが何人かいるが、ドニーもその一人だ。二年前に彼の娘の葬儀を取り仕切ったことがある。また彼はチェスター郡の住民の半数と知り合いであるほど顔が広いため、葬儀屋の私と同じぐらい頻繁に葬儀に出ている。この日はドニーの友人の葬儀で、彼には入口で会葬者を温かく心を込めて迎える役をお願いした。

翌日は葬儀が四つ重なった。わが社のような家族経営の零細葬儀社が一日で取り扱えるのは四つが限度である。多忙な一カ月の頂点を極めた長い一日だった。当時、私は神学校に通っていて、期末論文の提出期限を次の日に控えていた。過密な仕事のスケジュールと論文完成のプレッシャーで、同情疲労の瀬戸際まで追い込まれていた。

夜になって帰宅すると、一〇時頃、電話が鳴った。まさか葬儀ではないだろうな。今晩、私が論文を仕上げるのを、みな知らないはずがなかろう。

「キャレブ、ご葬儀が入った。行ってくれるか」と祖父の声がした。

「他に誰かいない？　あと二、三時間で論文を仕上げなくちゃいけないんだ」

「誰も電話に出ないんだ」

こんちくしょうという叫びがこみあげてきた。この一本の電話が提出期限の前に立ちはだかった。「誰も電話に出なかった」せいで、未完成の論文を提出するはめになるなんて、ぞっとする。

「それで、誰？」と私は訊いた。

「ドニー・スミスだよ」と祖父は答えた。

「そうか、昨日、ドニーと話したよ。親父さんがそろそろ危ないって言ってたけど、まさかこんなにすぐとは思っていなかっただろうな」

「親父さんじゃない。ドニー本人だよ」と祖父は言った。

衝撃と怒りが全身を貫いた。疲れてはいたが、すぐにスイッチを切り替えて仕事に移った。友人に電話して遺体の移送の手伝いを頼み、遺体搬送車で二〇分の道のりを急いだ。ドニーの家には、すでに家族や友人が詰めかけていた。ドニーはその朝、いつも通りに起床し、朝食をとり、「少しだるいので」横になり、そして二度と目を覚まさなかった。彼はもともと心臓に持病があり、検視で遺体を傷つけずにすむよう、主治医が証明書にサインすることになっていた。

こうした不慮の死の現場に入るのは、異次元の世界に足を踏み入れるのに似ている。家族も友人もまったく別の時間枠の中を漂っている。遺体に寄り添う人は、食事は何にしようかとか、プロジェクトをどう売り込もうかとか考えたりしない。

時間は緩慢に流れ、人々は悲嘆のうちに佇む。共に笑い、抱き合い、一緒に生きてきた夫、妻、息子、娘、祖父、友人がもうどこにもいないという現実に抗っている。ドニーの家族にとっては、何の前触れもなく、さよならを言う時間もなく、何もかもやりかけのままだった。つい前日、ドニーが父親の看病の話をしていたぐらいだ。

こんなことになると誰が予想しただろう。何より彼自身が思いもしなかったことだろう。人生で最も辛い体験の一つは、愛する者が別れも告げずに去っていくことである。死は独特の文化を作り出す。言葉数は減り、涙と抱擁、そして黙想が空間を満たしていく。通常の服装規定はなくなり、社会的規範や習慣も一時、保留される。この聖なる空間では、神の存在がより近くに感じられる。家族と友人に囲まれ、溢れる感情を抑える必要はない。

あってはならないはずの世界だが、望ましいものがすべてある世界でもある。チャドの葬儀で気づいたことだが、エデンの園に戻るためには死を通過しなければならないのだ。

ドニーの家では、誰もが泣き、抱き合い、ふつう以上に同情が豊かに溢れていた。だが私はまるで別世界からの植民者のように支配をふるい、社会が期待する死のありようを押しつけようとしていた。家には期末論文が待っている。遺族たちは時間を忘れているが、私は疲れた体で厳密なスケジュールをこなしているのだ。

この時の状況は、いささか常軌を逸していた。ドニーの娘は亡骸の傍らに横たわり、離れようとしなかった。それが人々の感情を刺激し、涙を誘い、それがまた感情を刺激した。私はこれまでにも「ママを返して！」という叫び声を背中に浴びて、車で遺体を運び去った経験がある。だが遺体のそばに横たわったまま離れないというのは初めてだった。この光景に、移送の手伝いにきた友人も、隅で茫然と立ち尽くしていた。

娘の恋人は息ができなくなるほど激しく嗚咽し、親族に体を支えてもらわなければならなかった。大泣きと深呼吸を交互に繰り返し、なんとか過呼吸にならずにすんでいた。

時々、とくに葬儀屋モードがフル回転し、同情疲労が忍び寄るとき、遺族にもっと感情を抑えてほしいと思っている自分に気づくことがある。この日は四つの葬儀に加えて論文の提出期限も迫り、いっぱいいっぱいの状態だった。以前、同情疲労は皮膚にできるタコに似て、ふつうの感覚がなくなっているとブログに書いたことがある。じつは、たいていそのタコは、かさぶたのように傷口を覆っている。感情の爆発をまのあたりにすると、再び傷口が開くのではないかと怖くなり、自己防衛的になるのだ。

涙ばかり見ているうちに、同情疲労が脳内でつぶやき始めた。みなさん、しっかりしてくださいよ。ドニーだってあなたがたのこんな姿は見たくないでしょう。どうかしてしまったんですか。感傷に浸り、感情に溺れて、すっかりタガがはずれていますよ。死に飲み込まれてしまっているじゃないですか。死はそこまで辛くはない。誰でも折り合いをつけているんです。もう少し客観的に向き合えませんか。

すぐに同情疲労に気づいて、自分の脳に落ち着けと命令した。そしてまわりをよく観察し、耳をすませることに集中した。あらためて見ると、涙や泣き顔だけではなく、美しいものも見えてきた。ポジティブに捉え直そうとして現実を見逃すこともあるが、前に進むには、ポジティブな要素を見つけることが欠かせない。涙があるところには抱擁もあった。感情が爆発するところには、深い愛情からほとばしる悲嘆もあった。死のあるところには命もあった。

そこを去るまでに、私はこの家族の一員になっていた。彼らは私に抱きつき、私の肩に顔をうずめて泣いた。この世界のすばらしさを感じずにはいられなかった。ほんの少し、天国が垣間見えた。友人もすっかり心を動かされていた。

新たに見えたのは、天国が出現する貴重な瞬間だった。そこには死への恐怖を率直に表し、互いの人間性に触れる、死を通して生まれた新しい共同体があった。人間らしくあるとは、心を閉ざし、超然として、感情を殺し、厳密にスケジュールをこなすことではない。その逆に、人とつながり、柔軟になり、感性を働かせ、時には涙することだ。皮肉にも、天国は最も地獄に近づくときに出現する。たとえそこに苦痛と涙が満ちていても。愛が支配するところに天国はある。時に天国は地上にあらわれるのである。

素通りされた土曜日

長年、とくに青少年期には、私にとって天国は愛というより、死の不安を和らげる手段だった。人は必ず死ぬという冷酷な運命から弱い心を保護する緩衝材だった。だがある日曜の説教をきっかけに疑問を抱き、天国への執着が薄れていった。死の不安を和らげる以上の宗教を、自分で見つけられるかもしれないと思ったのだ。

私が求めたのは、天国がなくても崩壊しないような霊性だった。死の声とそれが人生にもたらす価値を包含するような霊性だった。

地獄の存在を疑ったとき、私は信仰の一線を超えた。天国を求める動機だけではなく、天国の存在も問い直していた。ブログを始めた頃、葬儀屋が通俗的メディアで思いを書き綴るというのが物珍しかったらしく、全国的な報道機関からインタビューを受けた。

あるジャーナリストは、二つのメディアに記事を載せようとして取材に来た。一つは全国的な宗教誌で、もう一つは地方紙の人物紹介コーナーだった。インタビューを受けたのは、ちょうどロビーの葬儀（九章）の直後で、天国への信仰をはじめ、信仰のさまざまな部分がドミノ倒しで変化していった時期だった。

私は記者に、天国への疑いについては宗教誌に書いてもかまわないが、地方紙には書かないでほしいと頼んだ。宗教誌に載っても家族や友人の目に触れないだろうが、新聞なら読まれる可能性が高かったからだ。ところが新聞にそれが載ったと知り、愕然《がくぜん》とした。私は途方に暮れた。これが公になったことで、家族や友人との関係や仕事にどんな影響が出るかわからない。「キャレブは天国を信じていない」という理由で、顧客が離れるかもしれないし、宗教心の強い田舎町で「異分子」とされ、仲間外れになるかもしれない。

家族は動揺し、私の魂の救いを心配した。疑うとはいっさい信じないことだと解釈された。母はもう信仰はないのかと私を問い詰め、叔母は私の魂を憂いて泣き、別の叔母は牧師に訴えた。葬儀場で、あなたの救いのために祈っていると会葬者に言われることもあった。ある人など、葬儀の後で私を脇に引き寄せ、「手を置いて」祈りをささげた（これは熱意と気まずさが同居する、祈りの強制のテクニックだ）。

これも私には聖土曜日の体験となった。教会暦が聖金曜日（復活祭／イースター前週の金曜日で、イエスの十字架の死を思い出す日）まで来ると、イエスが復活した喜びと勝利のイースターの日曜日を待ちきれず、土曜日を素通りしてしまう人が多い。物語の結末がわかっているので、死の苦しみを早送りして、土曜日の中に復活を読み込んでしまうのだ。死と復活の鮮やかなコントラストに比べて土曜日は地味だが、少し想像力を働かせれば、土曜日こそいちばん共感しやすい日だとわかる。

土曜日には、イエスの弟子たちは翌日に起ころうとしていることを知らなかった。救い主の死に落胆し、疑いにとらわれていた。弟子たちは希望も愛する友も将来の夢も失って打ち沈み、沈黙と疑いだけが、彼らの礼拝のかたちだった。それは私たちの多くが人生で体験する日なのである。

信仰者はたいてい復活から死を解釈する。イースターの出来事を知っているために、聖金曜日と聖土曜日を軽んじてしまう。だがそれでは苦しみや沈黙、死への疑念をじっくりと味わうことができない。「また会える日が来ます」「いまはもうもっと素晴らしい場所にいるのよ」「神は耐えられない試練はお与えになりません」「天国で涙はすべて拭われるでしょう」というクリスチャンの決まり文句は、復活の章だけを読んで、死と不安への盾にするから出てくる言葉なのだ。

問題なのは、復活に目を注ぐあまり、死と真剣に向き合おうとしないことだ。もちろん、来世には大きな力がある。だが大きな力は往々にして濫用される。その最たるものが、いまここにある人生よりも来世に目を注ごうとすることだ。天を仰いでばかりいると、目の前の天国を見落としてしまう。

いまここにある天国よりも死後の天国に価値を置くのは危うい。私は若い頃とは違って、福音（キリスト教の教え）は人を天国に導くことではないと理解している。天国のほうが私たちに近づいているのである。

たいていの人は、もし神が存在するなら、神は天にいる――つまり地上にはいないと思っている。およそ良きものは天にあり、地上には困難と腐敗、やがて迎える死しかないのだと。

だが死と地上を肯定的に捉えるとき、神はこの地上で私たちと共におられるのではないだろうか。はるかかなたにではなく、私たちの中に、私たちを通して、私たちと共にいて、いまここに「天国」が実現する。それは死と同時進行することとさえあるのだ。

土と花

ドニーの家に遺体を引き取りに行った日に見たものを、ふつう天国とは呼ばないだろう。そこにあるのは涙と死と苦痛だった。だがそこには深い愛もあった。神は心砕かれた者と共にいるというなら、神はそこにもいたのである。

こうした体験を通して、私は天国を再発見した。「はるかかなた」ではなく死後でもなく、天国は愛が生まれるところに出現する。かつて抱いていた天国のイメージは、真珠の門や黄金の道のある輝かしい巨大な都だった。だが本当は、天国は平凡でささやかな思いやりや好意の中に存在するのがわかってきた。天国はありふれた光景に潜んでいるのだ。

ドニーの葬儀では、三〇〇人近い人々が遺体と対面するために教会を訪れた。礼拝に先立って、最後のお別れのために遺族が棺桶のまわりに集まった。このとき、私はたいてい棺桶の足側に立ち、遺族にとって耐えがたく辛い瞬間を見守る。故人に触れるのも、見るのも話しかけるのも、このときが最後だ。お別れがすむと、私たちは棺桶の蓋を閉じる。

ドニーの家族が遺体を囲んで最後の時を惜しんでいる間、ある光景が目に留まった。礼拝堂の最前列のベンチに二人の少女が座っていた。一人は金髪で、もう一人はブルネット。二人とも七歳ぐらいだ。髪をきれいにとかしつけたブルネットの子はイースター用とおぼしき白いドレスをまとい、おそろいの白い靴をはいた足をブラブラさせていた。隣に座っている金髪の子は黒いシャツと黒いズボンに身を包んでいた。おそらくドニーの孫娘たちだろう。

大人たちが泣くそばで、金髪の子はブルネットの子の背中に手を回し抱き寄せた。ふと、ブルネットの子の陶器のような頬に涙がこぼれ落ちた。少女たちは私が見ているのに気づいていなかっただろうし、大人たちは棺桶のまわりに集まっていたので、見ていたのは私だけだろう。

金髪の子は立ち上がって二列目の席に行き、小物入れにしている昔のフィリーズのシガーケースを開けてティッシュを取り出した。そして前列に駆け戻り、悲しみでくしゃくしゃになった女の子の頬に流れる涙をふいた。

このとき、私の内側に感情が溢れてきた。この業界に長年いると、ある種の鈍感さがいつの間にか身についてしまう。私など、もうあまり何事にも動じず感動もしなくなった代表格だろう。死は私たちをすっかり別の生き物に変えてしまうことがある。よほど強い刺激がないと破れない、サイの硬い外皮のような心をもつ者に。

少女の優しさにしばし見入っていると、祖父が私のほうを見て頷いたので、業務にかえって棺桶の蓋を閉めた。

私たちが望みうる最良のもの、人間性の美しさ、愛の世界――天国は葬儀にも出現する。少女がもう一人の少女の涙をぬぐうようなときに。

天国と地獄は水と油のように混じらないと、私たちはどこかで思い込んでいる。だが私の経験ではそうではない。愛は死のあるところに生まれ、天国はささやかだが美しい瞬間にそっと忍び込む。死と天国は見たり触れたりできないようなかたちでつながっている。

死と天国の関係は土と花に似ている。死の土壌から美しいものがにじみ出し、天国が出現する――死にもかかわらずではなく、死だからこそ。天国はこの地上に、死と苦痛のただ中に存在するのである。

一三章　私の死生観を変えた同性愛者の葬儀

サマンサ・マッキニーは、パークスバーグの生粋の土地っ子だった。わが家と同様、マッキニーの一族もここで生まれ、死に、パークスバーグの土に還っている。このあたりの大半の家がそうであるように、マッキニー家の葬儀は、代々、わが社が取り仕切ってきた。まるで親戚のように互いの事情に通じ、それをよしとしていた。私たちはみな、サマンサが同性愛者だと知っていたし、四〇歳の彼女の体が転移した肺がんに蝕まれていることも知っていた。

近年、パークスバーグではＬＧＢＴＱ（レズビアン、ゲイ、バイセクシュアル、トランスジェンダー、ジェンダークイアなど性的少数者）の人々を以前よりもあたたかく受け入れるようになった。サマンサたちは仲間を見つけやすくなり、主張を公に訴えられるようになった。パークスバーグとその近隣では、ＬＧＢＴＱへの偏見は払拭されつつあるが、一部の教会にはまだ偏見が残り、長年の信念と一種の悪しき同族意識から、ＬＧＢＴＱを「自然に反する」「異分子」として色眼鏡で見ている。だからサマンサの両親が葬儀の打ち合わせに来たとき、私は彼らの最初の要望に仰天した。

「サマンサは教会での葬儀を希望していたんです」

サマンサは同性愛者であることを公表していたので、家族が属する教会の会員になれなかった。それでもサマンサは神を愛し、教会の人々を愛し、折があれば教会に行きたいと願っていた。サマンサが会員になりたくてもなれないでいることは、公然の秘密だった。私は衝撃のあまり、プロの葬儀屋としての落ち着きを失い、こう口走ってしまった。

「どうしてサマンサは、これまで自分を拒絶してきた教会で葬儀をあげたいと思ったのでしょう？」

サマンサの母親は鋭い目つきで私を見た。娘をかばうたびに鋭さを増したにちがいない眼差しだった。彼女は力を込めて言った。

「サマンサは神を愛していました。神の民に受け入れられることを、ずっと望んでいたのです。生きている間にかなわなかったことを、死の時にかなえるのです」

サマンサと遺族たちは悪しき同族意識を乗り越えたかったのだ。それで思い出したのが、二〇世紀の著名な社会活動家、ドロシー・デイの幼い頃の経験である。ドロシーは八歳のときに一九〇六年のサンフランシスコ地震を体験した。三〇〇〇人以上の犠牲者を出し、市のほぼ八割が壊滅した大災害だった。一家の住むオークランドはサンフランシスコに隣接しており、やがて家を失った人々が避難してきた。ドロシーは自伝にこう書いている。

地震がおさまったときには、（オークランドの）わが家はめちゃくちゃになっていた……だがオークランドでは火災は起きなかった。一方、湾の対岸では炎が上がり、煙が厚い雲となって空を覆っていた。翌日、多くの被災者がフェリーやボートで渡ってきた。アイドラ・パークや競馬場は避難所になった。母も近所の人も総出で被災者の世話をし、服という服が提供された。[*1]

この大惨事でドロシーがまのあたりにした惜しみない献身と地域を超えた仲間意識は、後年の彼女に大きな影響を与えた。彼女はさらにこう述べている。

予断を許さない状況の中で、人々は愛を示していた。人間はそのつもりになれば、こうした非常時でも、分け隔てのない同情心と愛をもって、互いを思いやることができるのだ。[*2]

私もドロシー・デイのように、死が同族意識や偏見を無効にするのをまのあたりにしてきた。たとえ嫌いな相手や意見が合わない人であっても、その人の人間性を見出し、理解するようになるのを。それを最も鮮やかに見せてくれたのが、サマンサの葬儀だった。

死は隔ての壁を打ち崩す

私はマッキニー家の要望にどんな反応が返ってくるのか不安を抱えたまま、サマンサの教会の牧師を訪ねた。はたしてサマンサの願いを受け入れてくれるだろうか？　それとも「同族」を守るためにサマンサを「異分子」として拒み、教会での葬儀を丁重に断ってくるのだろうか？

「こんにちは。ジャクソン牧師はいらっしゃいますか？」と尋ねると、「はい」と女性牧師が出てきた。

「マッキニーさんとお話ししたのですが……」。私は少し言いよどんだ。

「昨夜、サマンサが亡くなったことはご存知ですよね」

「はい」と牧師は少し声を震わせた。

「ご遺族とお話ししたのですが、できればサマンサの葬儀を――」

私が言い終わらないうちに、牧師は「はい、この教会でやります」と言った。

「この二、三週間、私はサマンサを訪問していました。聖餐式をして励ましていたのです。サマンサは願いをすべて話してくれました。葬儀はここでやります。ここが彼女の教会ですから」

牧師と葬儀屋は、葬儀の道すがら、霊柩車の中で世間話をすることがある。これまでのジャクソン牧師との会話を思い出すと、彼女は世の中がＬＧＢＴＱを受け入れる方向に進んでいるのを、あまり快く思っていないようだった。だからジャクソン牧師がサマンサを訪問していたこと、ましてや教会での葬儀を引き受けたことに、私は驚いてしまった。

これまでにも何度も気づかされたことだが、死は隔ての壁を打ち崩し、しばしの間、人としての共通基盤を見せてくれる。公的にはＬＧＢＴＱの人々を排除する教会も、見解の違いより人間が大切であることを悟るのである。

カトリックの司祭で霊性に関する多くの著作があるヘンリ・ナウエンは、こう述べている。

「どれほどの違いがあろうとも、人はみな無力な者として生まれ、無力な者として死ぬ。

その間の人生のわずかな違いは、この絶大な真理の前ではちっぽけなものにすぎない」[*3]

サマンサの牧師は、それまで固執していた見解をちっぽけなものにしてしまう絶大な真理を発見したのである。

その日、サマンサの葬儀で、私はそれまで思いもしなかったような、もったいないほどの体験をした。

ジャクソン牧師はすばらしい弔辞と説教を語り、会葬者はみな、サマンサの葬儀に何か特別な、人間性の奥深くに触れるものを感じて帰って行った。葬儀には、サマンサの家族（サマンサの生き方を快く思わない人もいた）、ＬＧＢＴＱの仲間たち、そしてサマンサを愛しながらもそのセクシュアリティを好ましく思っていなかった教会の人々が集まっていた。

だがサマンサは私たちを愛で一つにした。私たちは生と死によって結ばれ、一つの群れとして礼拝し、サマンサを最後の憩いの地へと送り出したのだ。

私は死のポジティブなイメージを選択した

振り返れば、私にとってサマンサの葬儀での体験が死の霊性への入口だった。死の霊性はこう教える。死は神秘的なかたちで、私たちを一つにする。同族意識による分断は妄想であることを悟らせ、私たちを本来の姿に戻してくれる。

死は共感と包摂を引き出す。死は全人類の共通項であり、たとえ同族でなくても、私たちは人の死に痛みを覚え、恐怖ではなく愛をもって対応することができる――そのつもりになるならば。

私自身がそうだが、この神秘的な一体感に聖なるものを感じる人もいる。人は誰でも――若者も老人も、富める者も貧しい者も、友も敵も――境界線を無効にする死の神秘的な一体感を知っている。サマンサと閉鎖的な教会がそうだったように。

自分の同族ではない人が悲嘆にくれるとき、私たちは自らの奥底に潜む恐怖を探り出さなければならない。赤の他人の非業の死をまのあたりにするとき、その恐怖をとことんまで追究しなければならない。これが死の霊性の発見における大切な部分である。

だがすべての人が死の霊性を発見するわけではない。死によって思いやりと愛を引き出されるのではなく、不安と苦痛と孤立という死のネガティブなイメージに屈することもある。死に不安をかき立てられて、壁を作りたくなり、物事を予測可能にし、無力化するためにコントロールしたくなることがある。死の不安は脳をパニックに陥れる。死の恐怖――死の不安――によって、善人さえ人間以下のものに退化することがある。

死はどちらももたらしうるのだ。

一致と不一致

愛と憎しみ
平和と戦争
癒やしと痛み
包摂と排除
沈黙と原理主義
天国と地獄
死ぬべき運命の明るさと恥辱
こじ開けられた心と引き裂かれた心

たしかに人生では往々にして両者がないまぜになるが、それでもどこかで、不安を取るか復活を取るかを決めなければならない。死のネガティブなイメージかポジティブなイメージかを選ばなければならない。

キリスト教のメッセージ、つまりサマンサが一員になりたかった教会の信仰の要諦は、こういうものである。死は必ずしも私たちを不安や憎しみや罪に至らせるのではなく、新しい生、よりよい生へと導きうる。死に瀕しても「父よ、彼らをおゆるしください。彼らは自分でも何をしているのかわからないのです」（イエス・キリストの十字架上の言葉の一つ）と祈り、人を包み、受け入れる道がある。ちょうどサマンサが教会に対してそうしたように。

サマンサを「異分子」としていた教会で、サマンサの葬儀は私の心に復活を呼び起こした。彼女は死において、イエスのようだったのだ。

死は私たちに自分自身を発見させ、ドロシー・デイの言う人間性の理想を見つけさせる。死は、心砕かれた人々が一つになって完成する共同体を作り出す。また共感と思いやりと理解を柱とする霊性を呼び覚ます。

私たちは死の中に、一方では苦痛の極致を見出し、他方では高潔な美の極致を見出す。このぎりぎりの緊張状態に、死のネガティブなイメージという剣と鎧で抵抗することもできるが、良い死のイメージと死の霊性をもって受け入れることもできる。

私が死のポジティブなイメージを選んだとき、私の物語、そして私と死との関係は変化し始めた。サマンサの葬儀からまもなくして、自分の人生に死を迎え入れる準備ができたのである。

＊1　Dorothy Day, The Long Loneliness (HarperOne, 2009), p.22
＊2　Dorothy Day, "The Long Way Home" section in Robert Ellsberg, ed., Selected Writings (Orbis, 2005), p.11

一四章　悲しみは終わらせなくていい

ジェニファーは、死因となりそうなことは何もないのに、自宅で眠っている間に死んだ。ダウン症で四〇代後半、両親のキャシーとドンと一緒に暮らしていた。両親はいずれも七〇代後半で、すでに引退していた。朝、ドンがジェニファーを起こしに行って、彼女が安らかに横たわっているのを発見した。苦しんだ形跡はなかった。ジェニファーの遺体は郡の検視所に運ばれ、検視官が死因を突き止めようとした。

こういう「検視官ケース」では、検視解剖や毒物検査をはじめ、検視官が必要だと考えるさまざまな検査が行われる。たいてい検視にはまる一日かかり、その後ようやく検視官は遺体を返してくれ、今度は私たち葬儀屋が、検視官の作業の跡を修復することになる。

毒物検査、血液検査などはその場で結果が出るわけではなく、専門の研究所で二、三週間かかる。ということはつまり、故人が死んでから二、三週間は、死亡診断書も埋葬許可証も出ない。

ジェニファーの場合、死後三週間余り経ってから、最終的な死亡診断書が葬儀社に郵送されてきた。ジェニファーの両親に電話すると、母親のキャシーが出たので、彼女に「ようやく診断書が届いたので、明日までに正式なコピーを数部作成し、それがこちらに届き次第お届けします」と伝えた。彼女は「わかりました」と答えた。翌日の午後早く、私は、数マイル離れた隣町のコーツヴィルまで車を飛ばし、ジェニファーの家の呼び鈴を鳴らした。

すぐに葬儀社に戻ってやらなくてはならない仕事があったので、家に入るつもりはなかったのだが、キャシーはどうしても入ってくれと言い張り、私を居間に案内し、ソファに座らせると、二二センチ×三〇センチの封筒を開けて、死亡診断書に目を通した。「睡眠時無呼吸による心臓麻痺」と、彼女は声に出して読みあげた。「もっと早く気づくべきだったわ。ここ数カ月、ジェニファーのいびきがだんだんひどくなっていたの」。キャシーが懺悔しようとしているのを察知して、私は彼女を制した。

「あなたは娘さんを心から愛していましたし、これ以上ないほどの素晴らしい介護をしていました」

私はこれまでの葬儀の仕事で、似たような状況において、何度かこれと同じことを言い、そのたびに、相手を涙の洪水と罪悪感から救い出すという効果が得られた。キャシーも例外ではなかった。

彼女は涙の合間合間にこう語った――自分は抜け殻のようになってしまった。これまではジェニファーの世話をすることが人生のすべてを占めていた。ジェニファーへの愛情がすべてだった。これからの人生をどうしたらいいか、まったくわからない。キャシーの話では、夫のドンも、ジェニファーがいなくなったいま、どうやって生きていったらいいか、わからないという。

「キッチンを見てください」と言われ、私はアーチをくぐってキッチンに行き、これまで一度も見たことのないものを見た。キッチン・テーブルの、いつもジェニファーが座っていた場所が、まるで聖廟《せいびょう》のようになっていた。ジェニファーに関わりのある物がびっしり並べられていたのだ。私は何かの神か聖人を祀《まつ》っているのかと思ったが、ジェニファーの家族はこの聖廟にもっと広い意味をもたせていた。彼らはその場所を娘の思い出に捧げたのだ。

「なかなか良いアイデアでしょ?」とキャシーは言ったが、正直なところ、私はいささか面食らっていた。それを見たとき、まず私の頭にどんな言葉が思い浮かんだかといえば、それは「無気味」とか「病的」という言葉だった。だが、その聖廟に並べられている一つひとつの物についてキャシーが説明するのを聞くうちに、私が早計だったことを思い知った。

「このテディベアはジェニファーのお気に入りだったの。ドンが昔買ってやったものなんだけど、すごく気に入って、どこへ行くにも手放さなかった。柩に入れようと思ったんですが、自分のそばに置いておきたくてね。いまでも娘の匂いがする」

それからキャシーは何枚かの絵を指さした。「ジェニファーの姪や甥たちにジェニファーの肖像画を描いてもらったの。これがそうなの」。それらの肖像画はお世辞にも芸術作品とは言えないものだったが、子どもたちが丹精込めて描いたのだということはわかった。

そして聖廟の中心には、プロが作った額縁入りのジェニファーの遺影が飾られ、葬式の花束から取ったのだろう、萎れた花と、半分まで燃えたヤンキー・キャンドル（芳香ろうそく）が、遺影を取り囲んでいた。ジェニファーの家族や友人たちのスナップ写真に混じって、ジェニファーが赤ん坊のときに履いていた毛糸靴が飾られていた。そしてジェニファーのお気に入りの場所だったニュージャージー州オーシャン・シティのビーチの砂を入れた瓶も飾られていた。

聖廟に供えられた思い出の品についてキャシーが説明すればするほど、全体がますます深い意味を帯びてきた。キャシーとドンの家から帰る途中、ジェニファーの聖廟が私にとって深い意味をもっていると感じられるのはなぜだろうかと考えたが、答は得られなかった。

二、三年して、閉じられた受動的な回顧と、能動的な回顧の違いがわかってきた。机の引き出しから、偶然、いまは亡き愛する人の写真が出てきたときに起きるのは、受動的な回顧だ。それは予期しなかったときに起きる、悲しいが、美しい回顧だ。能動的な回顧はこちらが意図したものだ。私たち自身が、その人を思い出す手がかりを作るのだ。

死の「名著」の教え

アメリカのある有名な牧師が最近、その著書にこう書いている。

「喪に服すのは数カ月だけにしなさい。それを克服しなくてはいけません。古いものを忘れなくては、神様は新しいものをもたらしてくれません。悲しむことも喪に服すことも自然なことですが、五年も一〇年も嘆いていてはいけません」*1

私はこの文章を心から軽蔑するが、これはこの牧師独自の考えというわけではない。多くの人が、いつまでも喪に服していてはいけないと考えている。「忘れる」べきだというこの発想はどこから来たのだろうか。どうして私たちは、とくにアメリカ人は、それを「克服して」、死と悲嘆を乗り越えなくてはならないと考えるのだろうか。

私に言わせれば、多くの人が、悲嘆は終わらせなくてはならないと考えているのは、エリザベス・キューブラー・ロスの「五段階説」を誤解しているからだ。間違ってはいけない。キューブラー・ロスはその五段階説を、残された者の悲嘆に当てはめたことは一度もない。五段階説はあくまで死んでいく者に見てとれるものだ。キューブラー・ロスは臨死患者に接する中で、死んでいく者たちは否認、怒り、取引、抑鬱、受容の五段階を通過していくことに気づいた。

だが人々がキューブラー・ロスの言葉を誤解するよりずっと前に、フロイトは彼が「デカセクシス（備給停止）」と呼ぶ、喪の終結を提唱していた。デカセクシスとは、故人に感情エネルギーを注ぐのをやめて、無関心になることだ。フロイトによれば、私たちはデカセクシスの後、その感情エネルギーを別の対象あるいは人間に向ける。この過程を「リカセクシス（再備給）」と呼ぶ。フロイトの発想は、キューブラー・ロスを誤解した人々の発想と同じく、私たちは別の人間を愛し、その人間を利用することで、愛する人を失ったことによって生まれた「愛の穴」を埋める、という考え方だ。

悲嘆を終えるというこの考え方に私たちが惹かれるもう一つの理由は、私たちは自分がコントロールできる物語を好むからだ。私たちは、ライオンは手懐けることができる、愛はいつでも美しい、死も最終的には箱に詰めて自由に扱えるようになる、と信じたい。私たちは悲嘆をいくつかの段階に分け、より確かな秩序あるものにしたいと考える。また、私たちは日程表が好きだ。自分の嘆きがいつまで続くか、予想できるからだ。

それで、先に挙げた牧師と同じように、友達に「五年も一〇年も嘆き続けてはいけないよ」と助言する。悲嘆から、謎めいたところを取り去り、汚い部分を削り、コントロールできない涙を排除した上で、固い表紙を付けて、始まりと終わりのある一冊のまとまった本にしようとする。

私たちは、自分は死よりも強いのだと思いたがる。悲嘆を終わらせるという発想は、死をどう扱ったらいいかという問いに対する完璧な答なのだ。だが、最後にすべてが完璧になるなどということはない。悲嘆が終わったら完璧になるわけではない。なぜなら愛は死後も生き続けるからだ。そして悲嘆も終わることはない。

振り返ってみると、私が最初、ジェニファーの聖廟に違和感を覚えたのは、その聖廟が、悲嘆と格闘し、悲嘆を克服するという強いアメリカ的な感覚をじゅうぶんに表現していないと感じたからだ。アメリカ人はとにかく問題を解決したがる。中途半端な状態でいることをすごく嫌う。

私たちの多くは、一部のセラピストでさえ、悲嘆を一つの問題と捉える。問題だから解決しなくてはならない。悲嘆は傷だ。だから治さなくてはならない。まだ書きかけの文章だ。だから書き終えなくてはならない。だがジェニファーの聖廟は、逃避と終結に抗っていた。あの聖廟は語っていた——悲嘆はいまもある、この家にある、それでいいのだ、と。友人のデイヴィッド・ハンソン神父は私に、聖像画は天に通じる窓だと言った。聖像画は、死者をふたたび私たちの生活に迎え入れ、死者が語ることに耳を傾ける。聖像画や聖廟は、悲嘆を日程表にあてはめて、死に対処する予定を組むのではなく、悲嘆や死がいまなおここにあること、私たちと共にあることを表している。なぜなら私たちと死者との間には、いまもなお固い絆があるのだから。

死者は永遠に私たちの一部だ。「治療」して、エネルギーの注入をやめるのではなく、死を受け入れなくてはならない。なぜなら愛は、悲嘆と喜びの中で、すでに過去となった死をいつまでも生き続けるという素晴らしい力をもっているからだ。

悲嘆があることは病的ではない。悲嘆と共にいることは健康的なのだ。

悲嘆を無理に終わらせる必要はない。悲嘆は常に私たちと共にある。それでいいのだ。

トマス・ルイス、ファリ・アミニ、リチャード・ラノンの共著『愛の一般理論』（未邦訳）にはこう書かれている。

「一方の精神は他方の精神を変える。一方の心はパートナーに変化を与える。私たちは誰か、私たちは誰になるのか、それは部分的には、私たちが誰に愛を注ぐかによって決まる」[*2]。

これに続けて、著者たちはこう説明する――われわれ人間の神経路はまさしく文字通りに、自分が愛している人の反映となる。人間の脳は、いちばん近くにいる人のさまざまな部分を自分の心の中に取り込むのである。ダグラス・ホフスタッターはその著作『私は奇妙な輪である』(未邦訳)の中で、それをさらに推し進めている。

「すべての正常な成人の脳は、その程度の差はあれ、複数の脳に住み着いている。したがってすべての人間の意識、すなわち『私』は、程度の差はあれ、複数の異なる脳の中に同時に住んでいる」[*3]

ひじょうにリアルで、わかりやすい形で、ジェニファーの愛の力、彼女が家族に及ぼした癒やしの効果は、文字通り、彼女が愛した人々、そして彼女を愛した人々の一部になったのだ。彼女がもって生まれた善が、彼らの脳をさらに良いものに変えたのだ。

愛する人が影響を及ぼすのは私たちの神経だけではない。愛する人は生物学的にもその痕跡を残す。『出エジプト記』第二〇章(有名な「十戒」が書かれた章)で、モーセは神の言葉として、「私の戒めを守る者には幾千代にも及ぶ慈しみを与える」(第六節)と書いているが、これもまた、私たちが考えているよりもずっと真実に近いかもしれない。

行動エピジェネティクス（いかに養育が性格を形成するかに関する実験科学）の新しい知見によると、トラウマやそれが伴う心理的影響は、分子レベルで一世代から次世代へと継承される。たとえば親の育児放棄や虐待によって引き起こされた抑鬱傾向は、身体的特徴と同じように遺伝する。

だが、愛もまた世代から世代へと継承される。愛する人の文字通りの一部が、何世代も経て、あなたの中に住んでいるのだ。そしてあなたの愛の一部は今後何世代にもわたって遺伝し、それが喜び、自信、勇気となって発現する。愛は力とは異なるかもしれない。愛は必ずしも生存には結びつかないかもしれない。だが愛は、他のものとは違って、必ず生き続ける。

だからこそ、死者は常に私たちの一部分なのだ。一人の人間が死ぬとき、神経学的にも生物学的にも、彼／彼女は死ぬと同時に死なない。

喪の終了をめぐるこうした考え方は、一種の神話である。

故人のことをもっと思い出そう

もし終わりがないのだとしたら、私たちは素直に、私たちの中に生きている故人を抱きしめたらいいのではなかろうか。自分の愛する人を、その人が死んだ後も、もっと積極的に思い出したらいいのではなかろうか。たぶん私がジェニファーの聖廟にあれほど感動したのは、それが死の肯定的な要素がもつ計り知れない力を示唆していたからだろう。悲嘆を抱えたまま、生きていけばいいのだ。いや実際、それが健全な姿なのだ。

「ラルシュ共同体」は、哲学者で博愛主義者のジャン・ヴァニエが一九六四年に創立した、知的障害者と支援者が共同生活をする組織だが（ラルシュはノアの方舟の意。日本には静岡に「ラルシュ　かなの家」がある）、これはいわばキャシー、ドン、ジェニファーの家を拡大したものだ。二つの集団間の関係は、「プロ」が障害者の世話をする「クライエント中心モデル」ではなく、すべての入居者が共同で生活する「共同体モデル」だ。

「ラルシュ共同体」の有名なメンバーの一人に、故ヘンリ・ナウエンがいる。彼はカトリックの司祭で、イエール大学とハーバード大学の教授で、多産な作家で、神学者だった。オンタリオ州にあるラルシュ・デイブレイクに一〇年間住んでいたときに、ヘンリはラルシュのコアメンバー数人の死についてこう書いている。

私たちは死者について語る。私たちは彼らの姿を思い描く。ついに私はさとった。ここ数年間に亡くなったコミュニティのメンバーたち、ローリー、ヘレン、モリスの三人はいまもここにいる。彼らはいまもその霊的なメッセージを私に送り続けている。

愛を私に送り続けている。人生とは何かについて、私に語り続けている。彼らの思い出に深入りすればするほど、それはたんに死者を思い出すというのとは違ってくる。私の胸の中で、私の心の中で、私の生活の中で、彼らはまだ生きている。ある意味で、私はいままでずっと彼らに与えられたからこそ、生きていけるし、いかに生きるべきかを発見できるのだ。彼らが生きていたときに私を必要としていたのと同じくらい、いま、私は彼らを必要としている。彼らは私に、私は何者なのか、私はどこに行くのか、私は何者に仕えているのかについて、いまなお語りかけている。*4

こうした死者との継続的な関係を、ほとんどの人は信じない。多くの人は、人間は生きているか死んでいるか、そのどちらかだと言う。それ以外のものはすべて、あまりに面倒臭く、二分法に立脚した私たちの脳には理解できないのだ。

だが、死がもたらすのは確実性ではなく、沈黙だ。死はしばしば、生と死の間の境界領域をもたらす。そこでは生と死が混じり合い、反発し合うことなく、時には調和的なエコシステムの中で共存する。この空間を閉じたり、避けたり、たんなる時代遅れのスピリチュアリズムとして片付けてはならない。私の言う「能動的回顧」、つまり積極的・意図的に死者を思い出すことによって、この空間を大事にしなくてはならない。

アメリカ以外の地域では、ラテンアメリカにおける「死者の日」、ヒンドゥー教のシュラダ（仏教の盆に相当する）、マダガスカルのファマディハナ（改葬儀式）など、さまざまな文化において、人々は能動的回顧によって、生と死の間の境界領域を大切にしている。資本主義先進国は政教を分離し、世俗化した。そこには利点がたくさんあった。これによって私たちは魔術的思考や単純すぎる宗教感情を捨てることができた。

しかしこの世俗化によって、私たちは過去から、そして過去に死んだ人々から、引き離されてしまった。私たちは死者との接触をたんなる迷信と片付け、良いものも悪いものも一緒くたに捨ててしまう。「私たちは本質的な部分で過去とつながっている」という事実を忘れて、過去は怖いものだと思い込み、触れようとしない。「死者はいまでもここにいる」と聞いても、宗教か迷信だろうと思い、相手にしない。

しかし、自分の悲嘆や死の経験との健全な関係を見つけたければ、死者をたんに埋葬されているとか、焼かれてしまったと考えるべきではない。「いま、ここ」で、死者との健全な関係を築かなくてはいけない。

能動的な回顧によって、死んでしまった愛する人との関係を保つには、まず、私たちの世界には、死者たちを見ることができる窓が開いていることを知らなくてはならない。死者はいまなお私たちの生活のいたるところに場所を保っているが、そのほとんどは見過ごされている。その窓をちゃんと見つけなくてはいけない。

親類の誰かが死んだとき、親類縁者が集まって食事をする。そのときに、故人の名前を口に出し、その人について語ろうではないか。恥ずかしがったり、怖がったりする必要はない。心を込めて話せば、とてもいい気持ちになるはずだ。たとえば、こんな簡単な言葉でいいのだ。「食事を始める前に、ひとこと言わせてください。祖父は喜んでいると思います」祖父が死んで、さびしいけど、みんなが集まったことを、祖父は喜んでいると思います」

最近、一カ月ほど前に妻を亡くしたという年輩の男性から電話がかかってきた。少ししゃべりたいと言うので、私は喜んで耳を傾けた。妻を失うことは、予想していたよりもずっと辛い、と彼は話した。牧師から、悲嘆には予定表はないのだから、いつまでも悲しんでいていい、と言われたそうだ。「彼女の物は何一つ捨てるつもりはありません。その場所にそのまま置いてあります」。妻が生きていたときと同じように、毎朝、妻のために朝食を作るのだという。バレンタインデーにはプレゼントを買ったそうだ。

「こうしていると、生きていくことが辛くないんです。妻はもういませんが、生きていたときと同じくらい、いまも妻を愛しています」

死者はいつでもそばにいる

すべての人が故人の物をすべて保存しているわけではないだろう。その人が生きていたときとまったく同じ生活をしている人は少ないだろう。しかし、故人の持ち物をいくつかとっておき、それらのために場所を作ると、そこが窓になり、その窓から、亡くなった人の存在が見える。ジェニファーの家族が作った聖廟はまさにこれだ。故人の思い出を今後もずっと生き生きとしたものとして保つためにジェニファーの家族が作ったものからは、多くを学ぶことができる。

私たちがどこへ行こうとも、死者は私たちのそばにいる。私たちがやるすべてのことの中に、死者はいる。彼らの考えは私たちの考えだ。彼らの愛は私たちの愛だ。彼らの痛みや苦しみですら、私たちの骨の中で生きていく。

見えないことを忘れるのは簡単だ。自分は完全に独立しており、何にも囚われておらず、自力で築き上げた世界に一人で立っている、と考えることは簡単だ。愛する人のことをたんに受動的に思い出すことは簡単だ。

しかし、自分より先に死んだ人のことを能動的に思い出すことのほうが簡単なのかもしれない。なぜならそれは、私たちが誰から生まれたのかを思い出させてくれる。自分が失ったものを自覚させてくれる。私たちはすべての瞬間に、大勢の人に見守られながら生きているのだということを思い出させてくれる。

＊1　Joel Osteen, Your Best Life Now (New York: Faith Words, 2004): 146.
＊2　Thomas Lewis, Fari Amini, and Rihard Lannon, A General Theory of Love (Vintage, 2001), pp. 143-44.
＊3　Douglas Horstadter, I Am a Strange Loop (Basic Books, 2007), p.258.
＊4　Michell O'Rourke, Befriending Death: Henri Nouwen and a Spirituality of Dying (Orbis, 2009), quoted on p.95.

一五章 「その子を連れていかないで」

二年前、枯葉が舞い、家々の庭にハロウィーンの飾り付けがされている頃、検視官から不穏な電話がかかってきた。「ジム・リースが自宅で死んだ。家族は全員そろっている。遺体は運び出せる状態なので、すぐに来てくれ」。彼は興奮しているようすだった。

「すぐに来てくれ」という声を掻き消すような泣き声や叫び声が背後から聞こえた。私が、「今日は葬式がいくつかあって、助手の手が空くまでには時間がかかる」と言うと、検視官はこう答えた。

「誰も連れてこなくていい。私が手伝うから。とにかく大至急来てくれ」

行ってみると、家の前にはおびただしい数の車が停まっていた。玄関の前に、ジムの友人や家族が一五人ほど、ゾンビみたいな目つきで、たむろしていた。その多くはタバコを手にしていた。表の通りにはパトカーが二台停まっていた。突然死の場合は、決まりで、事件性がないかどうかを確認するため、警察が呼ばれるのだ。私は車をバックさせ、ゆっくりと、停めてある車の迷路を通って、できるだけ玄関の近くに車を停めた。

私はミントを口に放り込み、バックミラーを見てネクタイをチェックし、「葬儀屋」の顔をまとった。私はいつでも「葬儀屋の顔」をしているわけではない。ウォルマートやジムに行くときは別の顔をしているし、家にいるときや友達と会っているときも違う顔をしている。

「葬儀屋の顔」は疲れるからだ。葬儀屋という仮面は、何事にも過敏で、信じられないくらい辛抱強く、最高度に緊張している。ほんの二、三時間でも葬儀屋の顔をしていると、頭も体も疲れてしまう。年中その顔をしている葬儀屋もいるが、私にはできない。そのせいで、いまでも、私はこの仕事に向いているのだろうかと時々考える。

車を降りると、すぐに警官たちが近づいてきた。彼らの話では、ジム・リースはアルコールとジャンクフードのせいで、しばらく前から心臓も肝臓も悪かったそうだ。時限爆弾みたいなものだったが、彼がこれほどまでに悪いとは、今日になるまで誰も気づかなかった。警官たちは、群れている人々の間を擦り抜け、私を玄関まで連れていった。玄関に、ジムの弟のカールがいた。

家の中に入ると、ジムの遺体は、倒れたときのまま、部屋の真ん中の床に横たわっていた。彼のまわりでは少なくとも四人が泣き叫んでいた。その他に五、六人がぼんやりと空を見つめていた。感情はあくびと同じように、一人が始めると、次から次へと連鎖していく。年輩の女性がリクライニングチェアに座って、はあはあと速い呼吸をしたり、大声で泣いたり、というのを繰り返していた。

その人々からちょっと離れて、部屋の隅に副検視官が立っていた。きっと彼はこれまでにたくさんの悲劇的な死を見てきたのだろう。ジムの死は殺人でも自殺でも悲劇的な事故でもなかったが、まわりの人々が泣きわめくさまは、彼がこれまで見てきた光景とは違っていたようだ。

葬儀屋の到着は、そろそろ家族が遺体から引き離されることを意味する。たいてい、私がドアから入ってくると、人々はいったい誰がやってきたのかを察知し、ますます取り乱す。人々は、頭ではわかっている――われわれはやるべきことをやらなくてはならない、と。しかし、これまでの私の経験では、頭でわかっていてもなんの役にも立たない。人々はますます動転し、感情を抑制して、できるだけ早く遺体を運び出さなくてはならない、
興奮するのがつねだった。

ドニーの家族のことがフラッシュバックのように甦り、私は、こういう状況、つまりジムのような突然の死が深い苦痛と感情の混乱をもたらしているような状況を経験するのは初めてではないことを思い出した。そういう状況をどう乗り越えるかに関して、私はドニーのときよりは賢くなっていた。死や沈黙を経験したことで、私の言葉は以前よりも鍛えられているはずだ。

リース家の人々は自分たちの気が済むまで嘆き悲しむ許可を求めていた。そのときは、この私にそれを許可してもらいたかったのだ。こういうとき、彼らが求めているのは、紋切り型のお悔やみや宗教的な決まり文句ではない。また、確実性と力を与えてくれるような強い言葉を求めているのでもない。私が全能の葬儀屋の顔をして部屋に入ってきて、これからすべきことを告げ、みんなに「落ち着きなさい」と言うのを、彼らが期待しているはずもない。

私を部屋に案内したのはジムの弟のカールだった。カールは「強くて頼りになる人」の役を引き受けていたのだ。明らかに自分の感情を押し殺して、みんなにも同じことを求めていた。彼は、葬儀屋がやってきたことをみんなに告げた。だが、親類の誰かに落ち着くように言うたびに、事態は悪化した。私は以前からカールを知っていたので、彼にはうまくできないだろうと思った。

私は彼に尋ねた。

「カール、ここにいる人たちを紹介してくれるか?」

「ジムのまわりにいる三人のうち、二人はジムの姉妹、一人はジムのパートナーだ」。彼の声はうわずっていた。誰もが泣いていて、カールが指さしていることには気づいていなかった。「ここにいるのが」と、リクライニング・チェアに座ってハアハアと息をしている女性を指して言った。「おれたちのおふくろだ」

私は彼女に慰めの言葉をかけたかった。そのとき、ホスピスの看護師から教わった、三種類の接触の仕方を思い出した。触りたいから触る、何かを要求して触る、そして、めったにないが、献身の意を込めて触る。*1 献身的に触ることは、相手の価値を最大限認めることだ。無理にやるわけでもなく、きまりが悪いわけでもない。むしろ尊敬をこめて触るのだ。そして、そのように触ると、気持ちが楽になる。

ふつうの日常生活では、この三種類の触り方はあまり区別がつかない。スーパーやコンビニで何気なく相手に触ったとき、それが「触りたいから触った」のか、「何かを要求して触った」のか、「献身の意を込めて触った」のか、知るのは難しい。たとえ、ごく親しい、自分にとって大事な人に触ったときでも、それが三種類のどれなのかを知るのは容易ではない。

しかし、欲望や要求がほとんど混じっていない、人間らしい、敬意が込められた、相手をリラックスさせるような、献身の意を込めた接触、そんな触り方ができる場所が一つだけある。それは死だ。だから死を取り巻く状況では、ハグしたり触ったりすることが容易だ。

常套句《じょうとうく》で沈黙を埋めてはいけない

リクライニング・チェアに座っているジムの母親を、誰も慰めていなかったし、誰も彼女に付き添っていなかったので、私は彼女のそばにひざまずいて、「ハグしても良いですか」と聞いた。彼女はうなずき、私がハグすると、ハグで応えた。長い時間、私たちは抱き合っていた。最初、彼女はますます大きな声で泣いていたが、やがて鎮まった。そこで私はいろいろ質問してみた。

私は「大丈夫ですよ」「上手くいきますから」といった陳腐なことはいっさい言わなかった。そういうのは嘘だから。それに、そういう言葉は、言ったほうは楽になるが、言われたほうは楽にならない。自分を満足させるだけの決まり文句などは言いたくなかった。また、「こちらにも予定がある」から「感情をコントロールしてほしい」といったこともいっさい言わなかった。

私はそれ以前に気づいていた。常套句というのは自分自身の個人的な防衛メカニズムなのだ。常套句は、健康的な悲嘆を犠牲にして、私自身の恐怖や幸福やエゴを守るものだ。以下に挙げるような常套句は、沈黙を保ち、死がもたらす不安を遠ざける。

「時間が経てば、傷も癒えますよ」

「きっと乗り越えられますよ」

「いつか、また息子さんに会えますよ」

私は、そういった表現は避け、相手の痛みをそのまま認め、相手が感じていることを自由に感じられるような言葉を学んでいた。

「私のことは気にしなくていいです。いつまでも待ちますから」

「泣いていてもかまいませんよ」

「お辛いでしょうね。お察しします」

じきに、ジムの母親と私はジムについて話し始めた。母親の話では、ジムの具合が悪いことはみんなが知っていたが、これほど悪いとは知らなかった。彼は痛みを人に話さず、助けも求めなかった。

そしてジムの母親は、いちばん触れたくない話題に触れた。「ジムを連れていかないで」。私は彼女に、「いいと言うまで待ちますから心配しないでください」と応えた。「一時間でも二時間でも待ちますよ」。私はそれを声に出してはっきり言った。部屋にいる他の人たちにも、好きなだけ泣いていていいということをわかってもらいたかったのだ。急かしたくなかった。彼らの時間なのだから。

悲嘆は野性的なものだ。無理やり何かをさせようとすると、それを殺してしまうことになる。巨大な白い鮫みたいなもので、檻に入れると死んでしまう。

少し時間が経つと、みんなが互いに話を始めた。やがて彼らは私に「もういいですよ」と言った。私はジムの遺体をストレッチャーに載せるのを、みんなに手伝ってもらい、みんなで車まで運んだ。

私はストレッチャーを車に積み込み、後ろの扉を閉め、翌朝何時に社に来てもらい、葬儀の打ち合わせをするか、家族たちと話し合った。家族たちは、弔問客との対面は行わずに火葬してほしい、ただし明朝もう一度対面してお別れをしたい、と言った。私は家族たちとハグし合い、パークスバーグに戻った。

私は社まで運転しながら、気づいた。自分は死を語る言葉を発見したが、それは予想していた言葉ではないということに。長いこと遠ざかっていたが、久しぶりに何か書けそうだと思った。私はこれまでずっと、書くことによって人生の問題に対処してきた。作家気質があるというのではなく、むしろ必要に迫られてのことだった。それはたぶん、私が話下手だからだ。私の話ときたら、バーを出た後にふらふらと右往左往する酔っ払いみたいだ。書くほうがずっと楽だ。中学校の頃は日記をつけていたし、高校では飽くことなく神についてあれこれ書いていた。

それでも、死について語る言葉を見つけるには時間がかかった。長い間、私は、日常的な常套句や、宗教的な決まり文句や、葬儀屋が挨拶によく使う重々しい言い回しで、死のもたらす沈黙を埋めていた。じっと沈黙の中に身を置き、沈黙が語りかけてくるのを待つ必要があった。

沈黙の後に使うようになった言葉は、沈黙以前とは違う言葉だ。「時間が解決してくれる」といったような陳腐な言葉でもなく、「神には神の計画があるのだ」みたいな宗教的な常套句でもない。

内側から外へと流れ出してくる、勇敢な言葉だ。確実性を求めない、剥《む》き出しで弱々しい言葉だ。この言葉は共同体に向けられている。抱擁したい、繋がりたい、癒やしたい、笑いたい、そんな気持ちを表した言葉だ。

死の中にあるユーモア

翌朝、私と妻のニッキは、生後八カ月の一人っ子ジェレマイアとの、最初のハロウィーンの準備をしていた。おさがりの服がいくつかあったが、どれを着せようか、迷っていた。ニッキが言った。「さあ仕事に行ってらっしゃい。何か着せて、あとで会社に行くから」。私は車に飛び乗って、数ブロック離れた葬儀社まで行き、磨《す》り減った、だがまだちゃんと使える鍵で、正面扉を開けた。警報ベルが鳴らなかった。ということはつまり、誰かがもう出社しているということだ。私が一番乗りということはまずなかった。いつでも、祖父か父が先に出社していた。

私は遺体処理室に行き、手袋をはめ、ジムの顔を整える作業に取りかかった。引き出しから眼球キャップを取り出し、ジムの瞼の下に入れ、「閉鎖線」に沿って目を閉じた。眼球キャップは表面に細かい突起があって、それが瞼を閉じておくのだが、うまくいかないときは接着剤を使う。ジムの場合はその必要はなかった。口は前日からずっと大きく開いていた。針と糸を上唇の下から刺し、左の鼻孔から右の鼻孔の中を通して、下の歯肉まで戻し、糸を結んだ。これで、みなさんが最後の対面のときに見るような遺体の顔になった。私は手袋をはずしながら、ジムに話しかけた。「これで見栄えがよくなったよ」

二時間ほどして、リース一家が葬儀社にやってきた。私はその一〇人を打ち合わせ室に通し、父を紹介した。父が彼らと葬儀の細部を打ち合わせるのだ。

しばらくしてケータイが鳴ったので、別室に行って出てみると、妻のニッキだった。

「これから会社まで行って、ジェレマイアのハロウィーンの衣装を祖父に見せてもいいかしら？」

祖父、つまり私の父は、「三ばか大将」（アメリカ人なら誰でも知っているコメディアン。日本でも一九六〇年代に一世を風靡した）タイプのどたばたユーモアの持ち主で、ジェレマイアに対してもそのユーモアを惜しみなく発揮し、ハンプティ・ダンプティ（マザーグースに出てくる、卵形をしたキャラクター）の人形をキッチンのテーブルから叩き落としたときには、まだ生後三カ月のジェレマイアが大笑いをした。二人が共有するユーモア感覚はいまなお健在で、そのおかげで、祖父とジェレマイアはいまも大親友だ。ジェレマイアが会社に寄るたびに、祖父は生き返ったように明るくなる。

私は考えた――いま、遺族が社に来ていて、祖父は遺族と打ち合わせをしている。でもいいじゃないか。きっと、祖父はジェレマイアが来れば、雰囲気を盛り上げることができるだろう。

「いいよ。連れておいで」

葬式の打ち合わせに生後八カ月の赤ん坊を連れてくることは、いささか不謹慎だと思われるかもしれないが、私に言わせれば、神聖なものと厳粛なものとは違う。神聖な瞬間は、気取った雰囲気とは違う場所で起きる。神聖さは微笑や笑いや失敗の中にあらわれる。生後八カ月の赤ん坊が、悲嘆に暮れている一〇人の遺族の葬式の打ち合わせに闖入《ちんにゅう》した瞬間にも、あらわれるかもしれない。私たちが互いの深い絆を発見するとき、そこにはなんらかの神聖さがある。

この神聖さについて、ジョン・クリーズはこう書いている。

「これまでに出席した中で最も美しかった二つの葬儀は、どちらもユーモアに満ちていて、そのユーモアが私たちを自由にしてくれ、葬儀を、霊感にみちた、カタルシスのあるものにしていた＊2」

いくつもの実験研究が、ジョン・クリーズの経験したことを証明している。そうした研究によれば、気楽さや陽気さが、「闘うか逃げるか」というアドレナリンの急上昇を止め、私たちは理性を取り戻し、人と人との絆を取り返す。

クリストファー・R・ロングとダーラ・グリーンウッドの研究によると、死を思い出させるものが増えると、ユーモアを見つけたり作り出したりする能力も増大し、死の不安を取り除いてくれる＊3。進化のおかげで、私たちはさまざまなメカニズムを駆使して、死の不安や「闘うか逃げるか」のアドレナリン急上昇を回避できるようになったのかもしれない。気楽さは弱い心から生まれるのではない。その反対だ。気楽さは、死が伴う神聖さも含め、すべての神聖さの重要な一部である。

数分後、恐竜の着ぐるみを着たジェレマイアが入ってきた。その衣装は頭から足まで全身を包み込んでいて、小さな顔だけが出ていた。ステゴサウルスの着ぐるみで、頭から尻尾まで、小さな可愛いトゲが並んでいた。突然、打ち合わせ室では、尻尾を振りながらはいはいして入ってきたジェレマイアがみんなの関心の的になった。彼は祖父のほうに向かってはいはいし、ジムの母親の前で止まった。彼がにっこりすると、ジムの母親も笑い返した。ジェレマイアは、祖父のために、生後八カ月の子どもとしては精一杯、恐竜を演じていたのだ。みんなが笑い、ジェレマイアも笑った。

じきに話題はジェレマイアから、ジムが子どもの頃に着たハロウィーンの衣装の話に移った。衣装は母の手作りだった。最初の衣装は、やはり母が縫った消防士の制服だった。ジムはその衣装を着ると、家中を走り回り、「消防車を真似して」、口から水をぷーっと吹き出すのだった。そのときはたまったものではなかった母親だが、いまとなってみると、懐かしい思い出だ。遺族たちは、目に涙を浮かべながら、同時に腹を抱えて笑いながら、子ども時代の楽しい思い出を語り合った。

数分間ジムを甦らせた後、ジムの母親は私の父のほうを見て、言った。「そろそろ行きましょうか」。火葬場に運ぶ前に最後のお別れをするため、私は遺族を案内した。彼らの心は思い出と生命力に満ちていた。彼らが語った言葉が、彼ら自身に、最後の別れを告げる力を与えたのだ。それは神聖な瞬間だった。彼らは歩きながら話したり笑ったりしていた。その光景は、前日にジムの自宅で見た、むきだしの悲嘆とはまったく雰囲気が異なっていたが、彼らにとっては両方が必要だったのだ。

それは生気の無い、しかつめらしい行列ではなかった。前日、彼らは絶望のどん底にいた（それもまた神聖な瞬間ではあった）。今日、彼らはいくらかの言葉と平穏を見つけた。それが神聖な雰囲気を生み出したのだ。ステゴサウルスの着ぐるみを着た生後八カ月の赤ん坊のおかげで。

そして、ブログを始めた

数年間、葬儀の仕事をしながら、死がもたらす沈黙を見たり聞いたりしているうちに、私自身もまた絶望のどん底から這い出し、いささかの平穏を見出した。自分の言葉を見つけ始めると、当時、文章を書くのが好きな人のほとんど全員がやっていたことをやった。「葬儀屋の告白」というタイトルのブログを始めたのだ。このタイトルは、宗教的な告白と、私自身の正直な感想をあらわしていた。自分の文体ができあがるには、しばらく時間がかかったが、ジムの遺族への自分の対し方がテンプレートになった。紋切り型の挨拶を避け、愛する人を能動的に思い出すように遺族をうながし、気楽さという神聖な技術を用いて、みんなで死について語り合えるような空間を作り出したかった。

自分の経験をブログに書くために、私は、みんなの共感を呼ぶような、そしてみんなに生きる勇気を与えるような、いい話を探すようになった。死について書くようになったおかげで、死の美しい側面が見えてくるようになった。

そしてまた、死の中に美を見出し、それについて語りたいと思っているのは私だけではないということを知った。そういう人はたくさんいるのだ。死の中にある風変わりな良さを語る言葉を見つけた人も大勢いる。そういう私たちは、沈黙と、神聖な瞬間と、勇気によって、互いに結び合わされた。私たちは、絶望について語る言葉によって、互いに呼び集められた。

死に直面したときのすべての言葉を発見した人はいない。正しい言葉を見つけたと思っている人もいないだろう。だが私たちは、言葉を見つけることで、少なくとも仲間を見つけたのだった。

＊1　Marie de Hennezel, Intimate Death (Alfred A. Knopf, 1997), p.50.
＊2　"John Cleese on Creativity," You Tube video, 36:09, from a 1991 lecture on creativity in management to Video Arts, posted by "Johnny V.," April 15, 2015, https://youtube/9Emi_CFPHYc?t=24m24s.
＊3　Christopher Long and Dara N. Greenwood. "Joking in the Face of Death: A

Terror Management Approach to Humor Produciton," International Journal of Humor Research, 2013 DOI: 10.15

一六章　新しいいのち

誕生と死はしばしば、分かちがたく結びついている。私の場合、死のそばで働くことは人生のほんの一部にすぎないが、子どもを作ることに関しては、妻のニッキも私もずいぶん苦労した。

長く辛い道を抜けた末、私たちは、自分たちが望んでいるものを、生物学的な問題が邪魔していることを知った。私がたまたま葬式で知り合った養子縁組ソーシャルワーカーに、私たち夫婦は結果的に一年間お世話になり、家庭訪問、背景調査、個人面談などを経て、二〇一二年の冬の初め、ようやく養子を希望する者のリストに入れてもらえた。

ちょうどその頃、ジュリアという若い独身女性が、自分が置かれている状況はお腹にいる子どもにとっては良くないと考え、私たちが所属していた養子縁組組織に連絡し、彼女の子どもの引取先として私たち夫婦を選んだ。私たち夫婦はジュリアと何度か会って、子どもが生まれる三カ月前に、一緒にジェレマイア・マイケル・ワイルドという名前をつけた。ジュリアはまた、ジェレマイアが生まれそうになったら、ぜひ病院に来てほしいと言った。私たちも、その「本当の誕生日」にぜひとも出席したいと思っていた。

墓地で、故人を見送る牧師の説教に耳を傾けていたとき、ケータイが鳴った。「キャレブ、ジュリアが破水して、病院に向かっているところだそうよ。すぐに帰ってきて」。墓地でのミサには父も来ていたので、私はニンジャみたいな忍び足で父に近づいて、事情を耳打ちし、車に飛び乗ってパークスバーグに戻り、ニッキを拾い、平服に着替えた。死の場所から誕生の場所へ向かったわけだ。

病院に着くと、ジュリアの部屋に迎え入れられた。私はジュリアとジュリアの母親のためにマクドナルドにハンバーガーを買いに出たが、病室に戻ってみると、ジュリアは産道がすでに九・五センチ開いていた（結局、数時間後に私がジュリアの冷えたフレンチ・フライを食べた）。私たちは病室の外に出た。二〇分後、ジェレマイアがこの世に生まれ出た。

私たち夫婦はその後も三日ほど病院に留まり、ジュリアとの関係を深めた。彼女は現在もオープンで、強い。退院する日、養子縁組仲介組織が主催する養子縁組の儀式に出席するため、私たちは礼拝堂に集まった。そこでは、涙と、ありとあらゆる人間感情が交じり合った。儀式の後、私たち夫婦がジェレマイアを家に連れて帰ることになっていた。儀式が始まるときはジュリアがジェレマイアを抱いていて、それが彼女の子であることを示していた。

儀式の途中で、ジュリアが私の妻にジェレマイアを手渡した。この本を書いているいまでさえ、そのときジュリアがどんな気持ちだったのか、わからない。彼女がジェレマイアを私たち夫婦に手渡した後、私はジュリアをハグした。しばらく二人は抱き合っていた。私はめったに泣かない。実際、私が涙を流したのはあの儀式が最後だったかもしれない。ハグの後、私は前夜、午前二時頃までかかって書いた短い感謝状を読み上げた。

私たちはあなたを愛しています。あなたは強い。あなたは九カ月間、お腹の中でこの小さな命を育ててくれました。あなたは、私たちがこれまで一度ももらったことのない最高の贈り物をくれました。これまで私たちが自分たちに対して贈ることのできなかった贈り物です。あなたは私たち夫婦を完璧な者にしてくれました。あなたは、ジェレマイア・マイケルという贈り物で、私たちに新しい家族を作ってくれました。覚えていてください、私たちは一生あなたを愛します。一生涯、あなたを讃え、あなたを尊敬します。私たちは自分たちの存在すべて、持てるものすべてをもってあなたの息子を愛することで、その礼讃と敬意を示す所存です。私たちは最高の両親になるよう努力します。全力でジェレマイアを愛します。どんなことがあっても、彼のことを第一に考えます。私たちは彼を、性格の良い、誇り高い人間に育てます。彼が、自分に生命を授け、自分を子宮の中で育ててくれた人物に対して最高の敬意を抱くように、彼を育てます。私たちは生涯あなたを尊敬することを約束します。そしてジェレマイアにも、あなたを尊敬するように教えます。

それまでに書いた最も感情のこもった文章を読み終えたとき、私の鼻から、革紐サンダルをはいたジュリアの足の上に、大きな鼻水のかたまりがぼたりと落ちた。私はあわててティッシュを取り出し、ジュリアの足を拭いたが、葬式でもよく起きるように、鼻水が垂れたことで、参列者たちの涙が笑いに変わった。

死と同じく、養子縁組にも、悲しみと喜びがせめぎ合う場所がたくさんある。その両者が同時に溢れ出す。それは「与える」「受け取る」という奇跡だ。生命と新たな誕生、悲嘆と死、それは陰と陽だ。ほとんどの人は陽の側面、つまり私たちのような夫婦が生物学的には自分たちのものではない子どもを一緒に作りあげていく新しい人生のほうばかりを見る。

その場所にある良いものだけを見ようとし、陰の側面、つまり自分の子どもを他人に手渡すときに生母（生父がいる場合もあろう）が感じる苦痛と空虚感のほうは見ようとしない。養子を受け渡す過程にあるのは、たんに喜びと新しい人生だけではない。養子縁組とは、死と誕生が一つになって、目も眩むほど美しくなったものなのだ。

いずれにせよ、その場では、私たち夫婦は、不完全な世界に生まれてきた完璧な子どもジェレマイア・マイケルを受け取って感謝の気持ちに溢れた親だった。

公民権を奪われた悲嘆

ジェレマイアを養子に迎えるという経験が私にとって特別な意味をもっていた理由の一つは、その数年前、子どもが欲しいという気持ちや、自分も良い父親になれるという確信が、死によって打ち砕かれてしまい、子どもをもつという望みを捨ててしまったからだ。ニッキと私は若いときに結婚した。二人とも子どもが欲しかったが、私はまだ葬儀専門学校の生徒だったので、卒業してからにしたかった。

卒業後、本格的に家業を手伝うようになったが、突然、死のネガティブな物語に取り憑《つ》かれてしまった。自分には親になる資格がないし、子どもにとっても生まれてこないほうがいいのだ、という思いに付きまとわれるようになった。

葬儀業のハードスケジュール、私の心の弱さ、死との格闘。この三つを考えたら、とても良い父親にはなれそうにない、私はそう思った。父が私にくれた最高の贈り物は、彼が時間を割いてくれたことだ。一人前の葬儀屋になったいま、父が私のために時間を作ることがいかに大変だったかが、よくわかる。父はもっと働いて、もっと金を儲けることもできただろう。その金でＡＭＣパーサーよりもっといい車を私に買ってくれることもできただろう。

でも私に物をくれるよりも、父は仕事を減らし、収入も減らし、彼自身を私にくれた。ニッキと結婚してからも、私は父のようにはなれないと思っていた。与えるべき自分があまりないからだ。

自分は良い父親にはなれないだろうという思い込みをさらに悪化させたのは、子どもの血をたくさん見たことによる、トラウマと恐怖だった。流産にせよ、死産にせよ、生まれてからにせよ、自分たちは子どもを失うのではないかと、とにかく怖かった。死を扱う仕事をしているからといって、自分の子どもの死にうまく対処できるとは思えなかった。

私の心に突き刺さっていた物語の一つが、エリンの物語だ。仕事をし始めてしばらくの頃、私はエリンの生後二週間の息子デイヴィッドの葬儀に携わった。彼は新生児集中治療室で生まれ、そこで死んだ。エリンはまだ若く、ほとんど家族の支えもなく（実の父は家を出ていったきりだった）、生活の手段もなかった。

一年ほど経った頃、エリンがまた電話してきた。妊娠中期でまた子どもを亡くしたのだった。今回はモリーという女の子だった。葬儀屋が流産の子どもを扱うことはまずない。あまりに小さいので、葬儀屋の出る幕がないのだ。だがエリンとリース（彼女のボーイフレンドで、モリーの父親）は、モリーをデイヴィッドの隣に埋めてやりたくて、私たちの助けを借りたいということだった。

ほぼ二年の間に二人の子どもが亡くなったのだ。最初の子のとき、私たちはすべてを無料で引き受けた（たいてい、そうする）。二番目の子のときも、エリンとリースの気持ちを尊重し、また彼らの悲しみを思い、やはり無料で引き受けた。

最初の子デイヴィッドのとき、エリンはほとんど金がなかったので、私たちは墓地に、墓掘り費用を無料にしてくれないかと交渉した。その墓地を所有している隣町の教会は、しぶしぶ承諾したが、二人目のモリーのときは無料ではできないと言い、値段を提示してきた。その値段は、彼らにしてみればぎりぎりまで値引きしたものだったが、エリンとリースにとっては大金だった。私たちが交渉した際、教会の運営陣はこう言ってきた。

「値引きするが、その二人に、これが最後だと伝えてくれ」

私は、大きい者が小さい者を踏みつぶそうとするのが嫌いだ。教会の対応には呆れ、エリンが可哀想になった。教会は彼女の悲しみや喪失を気にも留めないようだった。

子どもを亡くすというのは辛いことだが、世の中には、なんらかの理由で人々に見逃されてしまう、さまざまな悲嘆がある。ペットを亡くした悲しみとか、いじめによる自殺が引き起こす悲嘆とか、子どもを手放す生母の悲しみとか。こうした世間が気づかない、あるいは見落としてしまうような悲嘆は「公民権を奪われた悲嘆」と呼ばれる。

おそらく最も一般的な「公民権を奪われた悲嘆」は、エリンのような、流産による悲嘆だろう。

流産は静かな悲嘆、名前のない悲嘆を引き起こす。

流産による悲嘆は、学校の仲間にも、友達にも、同僚にもわかってもらえない。誰にも理解されず、誰にも打ち明けられない。自分一人で背負わなくてはならない。この悲嘆を抱えている人は、自分が流産したことで、いまも罪悪感に苛まれているかもしれない。希望は失われてしまった。この悲嘆は、誰にも打ち明けられず、自分一人の胸にしまっておく人が多い。名前もない小さな魂のことを想う、そういう悲嘆だ。

この悲嘆はしばしばトラウマになる。しばしば凶暴で、痛みを伴う。しばしば寂しさと無力感を伴う。

強くなろうと努力したにもかかわらず、悲嘆が数カ月、いや何年も続いた、何人かの女性を（男性も）、私は見てきた。この悲嘆を無視してはならない。家族や友人たちがちゃんと認めてあげなくてはならないし、「そのうちに楽になるよ」「チャンスはまたある」などといった軽い文句で済ませてはならない。

当時、私はカレッジで、勤労成人のための宗教の授業に出席していた。教授は受講生の多くよりも若かった。彼は私たちの間にとても打ち解けた関係を築いていて、あるとき、妻が流産したので、みんなで祈ってほしいと言った。祈ってほしいと言っているのに、彼の願いはいたって簡潔で、まるで大したことはないと言っているかのようだった。クラスの女性たちがすぐに尋ねた。「奥さんはどんな具合なの？」

彼は答えた。「元気ですよ。ただの流産ですから」

それに対して、別の女性がすぐに食ってかかった。

「あなたには大したことじゃないかもしれないけど、彼女にとっては大したことだわ。あなたがそんな態度では、これから数カ月、大変なことになるわよ」

彼女の言ったとおりだった。数カ月後、教授はクラスで打ち明けた。彼の妻は鬱状態に陥り、カウンセリングを受けている、と。

妊娠の初期・中期・後期のどこで流産するかによって、悲しみの大きさは異なるかもしれないが、むしろ重要なファクターは、出産にどれほどの期待を寄せているかである。それに比べれば時期はさほど重要ではない。

流産による「公民権を奪われた悲嘆」はいまもなくならない。人々は流産による悲嘆を認めようとはしない。教会がエリンに対して埋葬料を無料にしなかったのは、おそらくそのためだろう。親切にしてやるほどの大事ではないと考えているのだ。

光を放った「陰」の中の小さな「陽」

だが今回は、エリンにはずっと寄り添っていてくれる人がいた。リースだ。二人して葬儀社の玄関から入ってきた瞬間から、私には、リースがたんなる善良な青年であるだけでなく、エリンによく尽くしていることが、よくわかった。子どもが死んだことで彼自身も嘆き悲しんでいたが、それでも彼はエリンと彼女の欲求を自分のそれよりも優先していた。エリンの最初の子デイヴィッドはリースの子ではなかったが、リースは、モリーをデイヴィッドの隣に埋葬したいというエリンの希望を全面的に尊重していた。モリーの死によって二人の愛情が深まったのかどうか、私にはわからないが、リースがエリンに深い愛情を注いでいたことは確かだ。

モリーがデイヴィッドのそばに埋葬されてから数年後、私は地元の教会で、故人との最後の対面に際して、芳名録の置かれたテーブルのそばに立ち、参列者に「記名して、メモリアル・カードを取ってほしい」と案内しながら、天気についておしゃべりしていた。そのとき、エリンが教会に入ってきた。

あのとき以来、エリンの物語はずっと私の心に突き刺さったままだった。それは、一つには教会の墓地が彼女に対してあまりにひどいことをしたと憤っていたからだし、また一つには、エリンに対するリースの愛情に感動していたからでもあるが、最大の理由は、エリンの物語が私の心に深く刻まれていたからだ。

「元気？」と私は声をかけた。表面的な、また反応を探ろうとする質問だ。ちょうどそのとき、リースが、赤ん坊の載ったベビーシートを抱え、よちよち歩きの幼児の手を引いて、教会に入ってきた。

エリンが尋ねた。「リースを覚えてる？」

「もちろんさ」

「結婚したの」

「おめでとう。で、このおちびさんたちは？」

「小さいほうは六カ月。名前はアイダ。大きいほうは二歳。名前はジャスミン」

私はジャスミンに声をかけようと、しゃがんだ。涙がこみあげてきた。自分が何か神聖なものを見ているような気がした。この小さな生き物たちが、人間がもつ深くて美しいものを象徴しているような気がした。

ジャスミンは本当に小さく、大きな眼をしていて、はにかみながら微笑んだ。私は「こんにちは」と言って、小さな手と恭《うやうや》しく握手した。

私は立ち上がって、誰にも見られないうちにこっそり涙を拭った。先にも書いたように、私はめったに涙を流さない。仕事のために長年抑圧していたせいで、無感覚になってしまったのだが、ごくたまに、まだ無感覚になっていない深い一部分が反応して、この素晴らしい感覚をふたたび味わわせてくれる。

ジャスミンに会ったことが私の中の何を刺激したのか、私にはわかっていた。数カ月前からそれを感じていた。子どもが欲しいという部分、自分も父親になれると信じている部分だ。人生に対するその深い願いが表面に浮上してきたのだ。死をめぐるネガティブな物語という「陰」の中にあった小さな小さな「陽」が、何層にもなった影を突き抜けて、光を放ったのだ。

自分にも子どもがもてる、そう信じてもいいのだ。恐れることはない。たとえその子が苦しみや喪失や死を経験するとしても、人間世界は良く、美しく、素晴らしく、すべてのことには価値があるのだ。

ジャスミンとアイダに会ってからしばらくして、ニッキと私は子作りの努力を始めた。つまり、避妊具を使わずに頻繁にセックスした。一年経った。成果はなかった。私たちは不妊治療の専門医を訪ねた。医者は、何かが起きるのではと期待して、ニッキに大量のホルモンを投与した。その結果、卵巣に嚢腫ができてしまい、二度手術を受けることになった。

私たちが入っていた保険は不妊治療が含まれていなかったので、ホルモン以外のさまざまな治療を試みるうちに、銀行口座の残高がどんどん減ってきたことに気づいた。それに比例して、私たちの希望も萎んでいった。

まわりの人からはしばしば、「いつになったら子作りをするんですか?」と尋ねられた。最初のうちは「いまちょうど頑張っているところなんですけどねえ」と言ってごまかしていたが、そうした質問をされることがしだいに苦痛になってきて、そのうちにはっきりと「実の子は作らないつもりです」と答えるようになった。

私たちは流産も死産も経験しなかったが、不妊という「公民権を奪われた悲嘆」をさんざん味わったので、希望が砕かれるというのがどんなことなのか、少しは理解できるようになった。不妊の悲嘆を理解してくれる人は少ない。この不妊という背景があったために、ジェレマイアがそれだけますます美しく輝いて見えたのだ。

死ぬからこそ、私たちは美しい

陰のほうに囚われたときには、陽に働きかけて育てることができる。ちょうど、リースがエリンの悲嘆を認め、受け入れたことで、二人の愛の燃えさしにまた火がついたように。生命の残り火を見つけたら、息を吹きかけて燃え立たせ、光を放つようにすればいい。注意深く見なくてはだめだが、どんな暗い場所にも生命はある。

生命は解き放たれるのを待っている。輝きたいのだ。生命はどんなに深くて暗い海の底でも道を見出すし、コンクリートやアスファルトを突き破るし、流産した子宮の中でも成長するし、子どものできない夫婦のところにもやってくる。

生命には活力と勇気があり、「できない」「しない」「だめだ」といった言葉を信じない。死が告げる「ノー」に対して、生は「イエス」と答える。そのイエスを見つけたら、それが息を吹き返すのを助けることができるし、その残り火を燃え立たせることもできるし、布に包んで腕の中に抱くことだってできるのだ。

「陰か陽か」「生か死か」ではない。一方か他方かの二者択一ではない。私を含め、多くの人は死のネガティブな物語にばかり囚われ、死のもつ肯定的な面にはあまり触れないが、二つの物語は敵対関係にあるわけではない。共存して、一つの全体を構成している。死は信じられないくらい困難なものだ。死は人生で最も暗い瞬間をもたらし、想像しうるかぎり最も克服しがたいように見える試練を課す。だが同時に、死は新しい生命のための扉を開く。

死はどこにでもある。人生のあらゆる側面にある。美しく料理され、私たちに素晴らしい喜びをもたらしてくれる、野菜から肉まで、私たちの食べるものはすべて、私たちが生きるための自然の犠牲だ。その野菜や肉を食べている私たちの肉体は、埋葬された後、いつの日か、微生物のような小さな他の生き物の食物となる。食物のほとんどは何か他のものの死体だ。

すべての死の中には生がある。新しいものの誕生がある。それはたいてい小さな生だが、たしかにそこにある。どこかに必ずある。ジュリアがジェレマイアを産み、手放したことは、彼女にとっては悲嘆であり影だったかもしれないが、与えるというその行為において、彼女は私たち夫婦に生を贈ってくれた。死もまた与える行為となりうる。

生と死というこの二つの物語が絡み合ったものが、私たちを生を作っている。死を生の中へと招き入れ、互いに教え合うようにすべきだ。私が背負っている死という宿命、それは生と死の葛藤であり、食べ物や愛や所属や献身や生活や安らぎの場所をめぐる闘争でもあるが、これこそが人間精神を育む子宮である。その人間精神から、私たちは世界が渇望しているありとあらゆる美を生み出す。

エリンが死の中に生を見出したのも、この人間精神のおかげだ。ジェレマイア、ジュリア、ニッキ、そして私を結びつけたのも、人間精神と、生存のための努力だ。死ぬからこそ、私たちは美しい。私たちが困難に立ち向かっていけるのは、それら全体、光と闇、昼と夜をすべて受け入れるからだ。エリザベス・キューブラー・ロスは書いている。


私たちの知っている最も美しい人々は、敗北、苦しみ、葛藤、喪失を知り、どん底から這い上がる道を見出した人々だ。そうした人々は感謝の念、感受性、生の理解をもっていて、それらが彼らを共感と優しさと深い愛情で満たしている。美しい人々は自然発生するわけではないのだ。[*1]

美しい人々は足掻《あが》きの中から生まれる。

スティーヴン・コルベアは、多くの人には賢者、コメディアン、深夜番組の司会者として知られているだろうが、彼は陰と陽、死と生が「良さ」の中で共存していることを知っている。コルベアは一〇歳のとき、父と二人の兄ピーターとポールを飛行機事故で失った。コルベアについての『GQ』の記事で、ジョエル・ラヴェルはこう書いている。

彼は指でテーブルの上に弧を描きながら、言葉を選びながら慎重に語った。「親父と兄さんたちが死んで、僕は一人ぼっちになった。［……］長いこと、ママと二人暮らしだった。僕はママを見習って、自暴自棄にはならなかった。ママは、絶望的にはなっていたけど、自暴自棄にはならなかった。たぶん、僕のことを考えて……ひじょうに健康的な形で苦しみを受け入れた。苦しみに負けたという意味じゃない。受け入れることは敗北することじゃない。受け入れるというのは意識することとさ」。彼は、そろそろ『出番ですよ』という声がかかることを予想して、にやりと笑った。彼は反論を先取りしてこう言った。「爆弾を愛することを学ばなくては」

この「爆弾を愛することを学ばなくては」という言葉は、コルベアの即興コメディにおける時間のことを意味している。彼のコメディは失敗する危険性のきわめて高い形式だ。話が父と二人の兄の死に遡ったとき、コルベアはふたたび「爆弾」という表現を使っている。

「一〇歳のときに爆弾を抱えていたんだからね。それが爆発した。それで、爆弾を愛することを学んだんだ。そのせいでね。でも本当のことはわからない。いつでも怒りに満ちていて、自分の中にいる悪魔を舞台で処理しているように見えるのは、たぶんそのせいだろう。いちばん起きてほしくなかったことを愛しているってことさ」

全体が見えてしまうというのは辛いことだ。私たちは何についても白黒をつけたがる。正しいか、間違っているか。民主党か共和党か。男か女か。夜か昼か。生か死か。愛か憎しみか。二者択一は、この複雑な世界を生き抜くには便利だが、常に役に立つとは限らない。時には「〜か〜か」ということもあるが、たいていは「〜も〜も」なのだ。私たちは、コルベアと同じように、嫌いなものを好きになることだってできる。

死も、それを受け入れさえすれば、生命の泉になりうる。

すべて「死」が教えてくれた

ジェレマイアは四歳になった。死と生の混合は、親としての私に影響を与えてきた。時には、最悪の事態が起きるのではないかという不安に襲われることもある。時には（いや正直に言えば、たいていは）息子の安全を心配している。身分不相応だとは知りながら、安全装置の付いた高い車を買うようになった。夜、眠っているジェレマイアを見ると、そっと彼の胸に手を当てて、ちゃんと息をしているかどうか、二度も三度も確かめる。
死に取り憑かれていたこと、不妊と格闘したこと、ジェレマイアに対する生母ジュリアの愛と勇気に触れたこと、そうしたことを通じて、息子の命を心から大切に思えるようになった。一緒にレスリングをしたり、本を読んだり、ご飯を食べたり、質問に答えたり、何かを教えたりすること、そのすべての瞬間に感謝している。本当に心から感謝している。ぎくしゃくすることもある。（私の、あるいはジェレマイアの）態度が悪いこともある。息子が癇癪《かんしゃく》を起こすこともある。レスリングで本気になりすぎることもある。そうした瞬間にも感謝している。

人生がいかに短いかを自覚すればするほど、できるだけ息子と一緒にいてやろうと思う。疲れたときも、不機嫌なときも、忍耐力が欠けているときも、人生は短いのだという自覚が役に立つ。

私はけっして理想的な親ではないが、死と、死に対する私の意識のおかげで、少しは良い父親になれたと思う。私がこれほどの感謝の気持ちをもつことができたのも、辛抱強くなったのも、息子と一緒にいられるのも、ジェレマイアをこんなに愛することができるのも、すべて、生存のための闘いと人生の短さについてさんざん考え抜いたおかげだ。

さまざまな点で、私は自分の善の大半を死に負っている。

＊1　Kübler-Ross, Death: The Final Stage of Growth, p.93.
＊2　Joel Lovell, "The Late, Great Stephen Colbert," GQ Magazine, August 17, 2015.

エピローグ　一〇の告白

一〇年以上前、私はいやいや家業を継いだ。死を扱う仕事だ。毎日、私のまわりにあったのは悲嘆、絶望、そして涙、鼻水、その他の、とても魅力的とはいいがたい体液だ。死者の出た家を、誰よりも先に訪問し、葬式でも墓地でも帰るのは最後。朝一番で、あるいは深夜にも電話をした。

ある面では、私が自分でこの仕事を選んだのではないが、別の面では、私はこの仕事に就けたことを本当に良かったと思っている。可能だとは思っていなかったような精神性を発見できたからだ。その精神性は私の仕事の一部だっただけでなく、自分は何者かという問いの中核に触れるものでもあった。私たちの誰もが必ず死ぬ。死ななくてはならないということも、実際に死ぬことも、私は怖くない。死すべき運命を背負い、実際に死ぬからこそ、私たちは自分に対しても、まわりの人に対しても、より正直になれる。

このいささかふつうではない仕事を通じて、私は死の精神性について一〇のことを学び、信じるにいたった。その一〇のことを読者のみなさんと共有したい。これを学ぶことで、死をもっとポジティブに捉えられるようになるかもしれない。そして、恐怖ではなく、死を受け入れたときに得られるものへの崇敬の念にみちた人生が、得られるかもしれない。

1 死をめぐるネガティブな物語は、死には何一つ良いことはないと語る。この物語は私たち人類の進化の遺産だ。瀕死の患者は医療機関に任せ、死の儀式は葬儀屋に任せることで、私たちは死を隠してきた。それによって、死のネガティブな物語に新しい血を注ぎ、規範化することになった。だがこのネガティブな物語が、物語の全体ではない。死は生の正常な一部であり、死を健全に理解すれば、そこには美が見出される。**死があなたに善を見せてくれますように。**

2 死を飼い慣らすことはできない。死は私たちを切り裂くこともできるし、開け放つこともできる。開け放たれた人は、共感、理解、許し、そして「他者」を受け入れることができるようになる。**死があなたを開け放ってくれますように。**

3

死を無視することも、避けて通ることもできない。死は独特の空間を開き、立ち止まって自分の人生の意味を考える時間を、私たちに与える。**死があなたを立ち止まらせ、死の安息日をもたせ、反省させ、瞑想させ、人生の棚卸しをさせてくれますように。**

4

天国、および死後の生にばかり目を奪われると、地上の生と死の価値を低く見たり、無視したりするようになってしまう。「いま、ここ」で生きるすべを学べば、地上の生の良さや、死の中にある善が見えてくる。**死が、あなたの「いま、ここ」での生の良いところを見せてくれますように。その良さを受け入れようではないか。**

5

死の声は沈黙である。沈黙を受け入れられれば、死を受け入れることもできる。**何かで沈黙を埋めようとするのではなく、沈黙をそのまま受け入れよう。**

6

死のネガティブな物語に囚われると、死すべき運命が恥ずかしいものに思えてくる。死のポジティブな物語の導きに従えば、死の中に真の自分の姿が見えてくる。**死のポジティブな物語の導きに従い、学び、成長し、克服し、他人に対しても自分に対しても、もっと辛抱強くなろう。**

7

誰かを看取るときは、私たちは地上の天国にいちばん近づくときだ。死が作りあげる共同体は、エデンの園に似ている。**死が作り出す共同体を受け入れ、死に接している時間に、私たちの関係を噛みしめよう。**

8

死は普遍的なものであり、そのおかげで私たちは他者の中に人間性を見出す。また死は、個々の違いにもかかわらず、私たちが互いに絆で結ばれる機会を与えてくれる。**死の中に、自分の嫌いな人に対する愛を見出そう。**

9

能動的な回顧は、喪に終わりはないことを教えてくれ、死者を私たちの生の中に甦らせてくれる。**能動的な回顧を実践し、死者は、彼／彼女を愛した人々から絶対に去らないということを知ろう。**

10

死を受け入れることが、人生をよく生きるための鍵だ。**死を受け入れよう。そして、私たちが自分の死すべき運命に近づけば近づくほど、死を直視すればするほど、それだけ生を受け入れられるということを知ろう。**

謝辞

この本を書くために、本業の時間をずいぶん削るはめになった。私をクビにしなかったパパと祖父に感謝。執筆中、何度も行き詰まり、一行も書けなくなった。そんなとき、愛情とコーヒーで燃料補給してくれたニッキとジェレマイアに感謝。

最後に、美しい魂、その弱さ、深さをすべて見せてくれたパークスバーグの住民のみなさんにも御礼を言いたい。

著者キャレブ・ワイルド（右）、祖父（中央）、父（左）

訳者あとがき

本書は、Caleb Wilde, Confessions of a Funeral Director: How the Business of Death Saved My Life (HarperCollins,2017) の翻訳である。原題を直訳すると、『ある葬儀監督者の告白——死のビジネスがいかにして私の人生を救ったか』。日本とアメリカでは制度が違うため、日本では葬儀監督者という呼称は使われないので、本書では葬儀屋という最も一般的な呼称を用いた。

著者はブログで有名になった人だ。おそらくブログに書いたことが、本書の根幹になっているのだろう。

葬儀監督者は納棺師でもある。映画『おくりびと』(二〇〇八) ですっかり有名になった職業だ。ネットで検索してみたら、納棺師の書いた本、納棺師についてのルポはずいぶん出ている。中には「コミックエッセイ」と銘打たれている本もあるが、本書はそうした本と比べるとはるかに硬派で、生と死の問題に正面から取り組んでいる。

著者の言いたいことを一言でいえば、「死の中に生を見よ」ということだ。

人類学者や社会学者によってつとに指摘されているように、現代社会は「死を隠す」文化に支配されている。ほんの数十年前まで、人は自分の家で死ぬものだったが、今では多くの人が病院や介護施設で亡くなる。生前にその人の世話をするのも、かつては家族だったが、いまでは医師や看護師や介護士である。そして死んだ後は、いっさいを葬儀屋に任せることが多い。

隠すとどうなるかといえば、恐怖の対象となる。恐怖を掻《か》き立てるものだから、ますます忌避され、隠されることになる。著者はこれを現代アメリカ社会の特徴として論じているが、この点に関しては日本も同様である。

あなたは死体に触ったことが何回あるだろうか。昔の人に比べると、ずいぶん少なくなっているに違いない。

実際のところ、葬儀屋さんというのはありがたい存在である。埋葬許可証を申請する、火葬場を予約する、通夜と葬式の会場を確保する、といったことを全部自分でやるのは大変だ。とくに、こちらは近親者を失って、何もやる気が起きないような状態なのだから。

しかし、著者は、すべてを葬儀屋に任せるのではなく、自分たちなりの見送り方をする人びとのことを好意的に紹介していて、それが本書の大半を占めている。

もうひとつ、死を隠すとどうなるかといえば、みんなが隠すのだから、きっと悪いものに違いないと考えるようになる。著者は子どもの頃から、死をネガティブなものとしてしか見られなかった。それが葬儀の仕事を通して、精神的危機から抜け出し、死の中に美、善、生を見出せるようになった。本書は、そうした著者の魂の遍歴なのである。

私たちはこの本から、死に関して（さらには人生について）、多くを学ぶことができる。

鈴木 晶

Confessions of a Funeral Director
How the Business of Death Saved My Life
by Caleb Wilde

Published by arrangement with HarperOne,
an imprint of HarperCollins Publishers
through Japan UNI Agency, Inc., Tokyo

【著者】
キャレブ・ワイルド（Caleb Wilde）
ペンシルベニア州パークスバーグで、代々の家業であるワイルド葬儀社を祖父や父と共同経営している。人気ブログ「ある葬儀屋の告白」の筆者。最近、英国ウィンチェスター大学の大学院プログラム「死、宗教、文化」を修了した。「ハフィントン・ポスト」「アトランティック」「タイム」、NPR、NBC、ABC20/20などのメディアへの出演も多い。

【訳者】
鈴木 晶（すずき・しょう）
1952年東京生まれ。東京大学文学部ロシア文学科卒業、同大学院人文科学研究科博士課程満期修了。現在、法政大学名誉教授、早稲田大学大学院客員教授。専攻は精神分析学、舞踊史。著書に『フロイト以後』（講談社現代新書）、『グリム童話／メルヘンの深層』（同）、『フロイトからユングへ』（NHKライブラリ）、『フロム100の言葉』（宝島社）など。訳書にフロム『愛するということ』（紀伊國屋書店）、ゲイ『フロイト』（みすず書房）、『ニジンスキーの手記』（新書館）、エリザベス・キューブラー・ロス『死ぬ瞬間』（中公文庫）など多数。

ある葬儀屋の告白

2018年8月21日　第1刷発行

著　者　キャレブ・ワイルド
訳　者　鈴木 晶

発行者　土井尚道
発行所　株式会社　飛鳥新社
〒101-0003東京都千代田区一ツ橋2-4-3
光文恒産ビル
電話（営業）03-3263-7770（編集）03-3263-7773
http://www.asukashinsha.co.jp

装　画　竹中ゆみ子
装　丁　石間淳

印刷・製本　中央精版印刷株式会社

ISBN978-4-86410-625-2

編集担当　小林徹也